運動会企画
アクティブ・ラーニング発想を入れた
面白カタログ事典

編著 根本正雄

学芸を未来に伝える
学芸みらい社
GAKUGEI MIRAISHA

まえがき

　本書は、アクティブ・ラーニング発想で運動会の企画を考え、子どもが主体的に運動会に参加できる内容になっている。今までの運動会は、教師が一方的に指示して行う傾向が見られた。

　子どもが実際にやってみて考える、意見を出し合って考える、情報を集めてまとめるなど、いろいろな活動を通して、子どもが主体的・協働的に、運動会種目の決定、係活動、運営ができる内容になっている。

　教師たちの最近の運動会実施への不安・不満として、次のような傾向が見られる。
①教師たちの組体操への危機意識の希薄さである。大きな技の指導が、突貫工事でされていて、保護者は不安と不信を持っている。自分の子どもも、けがをするのではないかと危機感がある。大技を披露して、子ども、保護者の感動を得るために危険な技が行われている。

　そのため、子どものけがが増えてきている。子どもが安全に楽しくできる種目の決定を、子どもの発想やアイディアをとり入れて行うことが求められている。
②ある学校で、何時間運動会練習に時間を割いたのかを、各学年ごとに、調査を行った。

　1年生　18時間（うち表現 12～13時間）
　2年生　22時間（うち表現 17時間）
　3年生　20時間（うち表現 17時間）
　4年生　20時間（うち表現 17～18時間）
　5年生　13時間（うち表現 11時間）
　6年生　24時間（うち組体操 21時間）

　この実態を見ると、いかに運動会に時間をかけているのかが分かる。特に表現運動にかける時間が多い。運動会にかける時間としては、10時間～12時間程度がのぞましい。

　これらの実態に基づいて、本書では「短時間の指導で、成果の上がる運動会」の大人気企画を、カタログ風にご紹介してある。

　カタログはビジュアルに商品を示し、読み手を一瞬で惹きつける。本書でも、運動会企画をカタログ風に示して、思わず実践したくなる内容にしてある。

　できるだけイラストや写真で内容を紹介してある。運動の苦手な教師が読んでも、すぐに企画して実践できる構成になっている。

　本書を参考にして、安全で楽しい運動会を行っていただければ幸いである。

2016年2月15日
根本正雄

目次

まえがき……3
本書利用の手引き……8

I 運動会の計画と準備

1 教科との関連
　作戦づくりでアクティブ・ラーニングの力を発揮させる……10
2 種目の決定
　運動会種目にもアクティブ・ラーニングの発想を……12
3 プログラム作成
　子どもが喜んで取り組む、頑張る姿が見えるプログラム作成例……14
4 ポスターと案内状
　インパクトのある作品を短時間でつくる『ポスターと案内状』……16
5 開会式・閉会式
　短い練習時間で心に残る演出法「開会式・閉会式」……18
6 放送原稿
　放送原稿を明るく元気よく読む、競技の実況のポイント……20
7 記録と表彰
　記録と表彰の一工夫で運動会を盛り上げる……22

II 運動会種目編

1 子ども・保護者が熱狂するレシピ
①個人種目1・2年生　借りて、走って、ゴーゴーゴー……24
②個人種目3・4年生　ラッキーフラッグをさがせ（障害物競走）……26
③個人種目5・6年生　会場が盛り上がる『今日の運勢は!?』……28
④団体種目2年生　お助けマン参上!!……30
⑤団体種目3～6年生　ドキドキはらはら！『背渡り』競走……32
⑥団体種目5・6年生　逆転現象で盛り上がる「〇〇小　アジャタ」……34

2 逆転現象のあるレシピ
①個人種目1・2年生　コース選択が運命の分かれ目『どっちの道？』……36
②個人種目3・4年生　逆転現象が起こる『校長先生とピッタリでGO!!』……38
③個人種目5・6年生　参観者を巻き込む『借り人競走』……40
④個人種目5・6年生　『運命の人は誰だ！』……42
⑤団体種目1・2年生　運が問われる『台風の目』……44
⑥団体種目3・4年生　ハラハラどきどき！『一発逆転!!』……46
⑦団体種目5～6年生　仲間との一体化UP！『まほうのじゅうたん』……48

3 準備のいらない簡単レシピ
　①個人種目１・２年生　　最後に勝つのは誰？『ミッションランニング』……50
　②個人種目３・４年生　　男女仲良く『ミッションクリア競走』……52
　③個人種目５・６年生　　すべての人の注目の的になる『THE KARIBITO』……54
　④団体種目１・２年生　　準備は段ボールだけ！豊富な運動量！「キャタピラリレー」……56
　⑤団体種目３〜４年生　　大逆転！『台風の目』……58
　⑥団体種目５・６年生　　エコの意識も高まる！『宅配便リレー』……60
4 笑顔がいっぱい特別支援レシピ
　①特別支援３・４年生　　自己決定能力とソーシャルスキルが育つ『じゃんけん競走』……62
　②特別支援５・６年生　　どうなるかわからない『四人八足ドリブルレース』……64
5 記憶に残る集団レシピ
　①３〜６年生　『運も実力のうち！大玉ころがし』……66
　②１・２年生　みんなで力を合わせよう『玉入れ』……68
　③４〜６年生　目線と声が結果を左右する『綱引き』……70
　④全校生　　　かけ声で始めよう『綱引き』……72
　⑤５・６年生　作戦次第で勝敗が決する『騎馬戦』……74
　⑥中学生　　　男子が熱中する種目「騎馬戦」……76
　⑦３〜６年生　『みんなで引っ張れ！棒引き』……78
　⑧１〜６年生　みんなを巻き込む『よさこいフラッシュモブ』……80
6 思い出に残る親子競技レシピ
　①１・２年生　なかよく走ろう『デカパンゴーゴー！』……82
　②１〜３年生　とっても可愛い『チェッチェッコリ玉入れ』……84
　③５・６年生　照れも吹っ飛ぶ！「親子で二人三脚！」……86
7 ここだけにしかない、珍しい競技レシピ
　①全校生　　　全校児童で行う『紅白対抗ボール運びリレー』……88
　②３・４年生　作戦を自然に考える！「小綱うばい！」……90
8 地域に根差した表現レシピ
　①１〜６年生　郡上踊り「春駒」……92
　②３〜６年生　運動会に沖縄の風「TOSS沖縄エイサー」……94
9 安全に、短期間にできる組体操レシピ
　①５・６年生　組体操『事前指導』レシピ……96
　②５・６年生　組体操『指導のコツ』ヒント……98
　③５・６年生　組体操『１人技』スタート……100
　④５・６年生　組体操『２人技』で動き合わせ……102
　⑤５・６年生　組体操『３人技』支え合いの呼吸……104
　⑥５・６年生　組体操『５人技』細分化・パーツ指導……106
　⑦５・６年生　組体操『６人技』３段ピラミッドの一気立ち……108

⑧5・6年生　組体操『7人技』アーチづくり……110
⑨5・6年生　組体操『10人技』けがをさせない！……112
⑩5・6年生　組体操「安全で学びある技」のみで、演技構成をする……114
⑪5・6年生　組体操の演技指導「体の仕組みを学べる技」動きの原理をつかむ……116
⑫5・6年生　組体操の全体指導「メリハリのあるシステム」真剣さを持続させる……118

III　カッコイイ・大声援の上がる応援団指導編

①応援団の目的・ねらい……120
②応援団長の決め方……122
③応援団のシナリオ……124
④2週間で完成する「応援合戦のシナリオ」……126
⑤カッコイイ応援……128
⑥面白い応援……130
⑦全児童を参加させる応援……132
⑧身につけるモノ、鳴らすモノ、見せるモノ……134
⑨応援のコスチューム・衣装の工夫……136

IV　運動会を盛り上げる環境準備編

1　大会スローガンの選び方
　　共通の目標となる大会スローガンを作る……138
2　入場門の作り方
　　会場図と記録写真をまとめたファイルを作成する……140
3　得点板の作り方
　　簡単！ 長持ち！ 運動会得点板の作り方……142
4　児童席・応援席の作り方
　　安心・安全第一を考える……144
5　テントの使い方マニュアル
　　熱中症予防・練習の効率化を可能にするテントの使い方……146
6　後始末の時短マニュアル
　　誰が、何をし、どこに運ぶのか、役割分担を明確にする……148
7　急に雨が降ってきた場合の対応
　　急に雨が降ってきた場合の対応のコツ……150
8　次回への申し送り、反省文の作り方
　　運動会終了3日以内に反省文を書く……152

- 9 運動会の作文・絵の指導ヒント
  写真を手がかりに、一番かきたい場面をかかせる……154

V　全ての子どもが参加できるユニバーサル環境づくり

- 1 小規模校
  運動の苦手な子・体力の弱い子への配慮を各所に反映させる……156
- 2 中規模校
  「ニャティティソーラン 2020」で、どの子も満足できるダンスを！……158
- 3 大規模校
  全員が参加できるシステムの構築……160

VI　スムーズな運営・マネージメント編

- 1 運動会の係活動一覧
  運動会の舞台を作る係活動……162
- 2 小規模校の運動会の工夫
  プログラムの内容や教員の配置を工夫……164
- 3 大規模校の運動会の工夫
  事前に確認事項を配付……166
- 4 短時間でできる運動会の練習時間
  練習計画を事前に作成し、教員間で共通理解する……168
- 5 狭い運動場の使用例
  狭い運動場での組体操……170
- 6 採点の仕方
  種目によって軽重をつける……172

VII　"あわてる場" 想定外の事態への対応編

- 1 けが人が出た、熱中症が出た
  安全面の配慮は最も優先すべきである……174
- 2 予想外のお客の挨拶の断り方
  あくまでも上品に……そして、相手も納得の落とし所を……176
- 3 保護者があれこれクレームを言ってきた
  予防的対応・正しい情報と判断力……178

あとがき……180

本書利用の手引き

　若い教師が増えている。ベテラン教師であれば運動会を多く経験しているので、いつ、どんなことをしていけばよいのか見通しを持つことができる。しかし、若い教師は経験が少ないので、全体のイメージを把握することが難しい。

1　運動会の全てが分かる

　そんな時に、運動会の全てが分かる本書があれば役立つ。
　第一は、若い教師が困るのは運動会種目の企画である。
　経験が少ないと資料を読んでもどれが良いのか、判断することが難しい。そんな時に、大人気企画があれば役立つ。
　第二は、子ども、保護者が満足する運動会企画である。
　そのために、全体が盛り上がる運動会の演出、昔からある運動会の華・定番種目の演出、参観者を魅了する全体種目の演出、拍手喝采の起こる特別種目の演出などが示されていると役立つ。
　第三は、運動会が成功する運営の方法の企画である。
　新しく担当になった係について分からない場合がある。例えば運動会実施計画案、紅白のチーム分けの方法、得点の仕方、表彰の仕方、プログラム作成の仕方、練習日程の組み方などである。
　前年度の資料に基づいて行うが、経験がないと具体的な運営が把握できない場合がある。そういう時に役立つ内容が示されていれば便利である。
　第四は、感動を演出する運動会の企画である。
　応援団、開会式・閉会式、入場・退場門、得点板、垂れ幕、プログラムなどの内容である。
　これらは学校によって、作成されていることもある。自分の学校以外の内容についても知り、さらによりよい内容にしていくことが大事である。

2　本書の構成

　本書では学年別に、カタログ風に見開きで次の項目で紹介されている。
　1　種目の概要
　2　ルール
　3　場づくり
　4　ポイント
　5　事前準備・アクティブ・ラーニング発想
　6　トラブルマニュアル

7　この競技でつく力・教科との関連
　8　参考文献

　まず種目の概要が書かれている。種目の特色、目玉が書かれているので、最初に読んでほしい。

　次は、ルールが分かりやすく箇条書きに示してある。この通りに行えばうまくできる方法と手順が書かれている。学校や学級の実態に応じて、ルールは変えてもよい。

　ルールが分かったら、実際に運動場をどのように使用するのかの場づくりが示されている。運動場のどこに、どのような用具・器具を置けばよいかが、図で示されている。ビジュアルに一目で分かるように工夫されている。

　種目のやり方が分かっても、ポイントが分からないと成功しない。その種目の一番大事な勘所が示されている。ここだけは外してはいけないポイントが書かれている。

　次に本書の特色である、事前準備・アクティブ・ラーニング発想の観点が示されている。事前準備に子どもの考えや発想を生かしていくのである。

　どのような観点で子どもが関わっていけばよいかが書かれている。教師の一方的な思いや指示で行うのではなく、子どもがアクティブに活動できるようにしていく。

　運動会に、トラブルは必ず発生する。その際の解決方法がトラブルマニュアルには、書かれている。予想されるトラブルに対する、対処方法が示されている。あらかじめ、トラブルを予想しておけば、対応がしやすい。

　最後に「この競技でつく力・教科との関連」が示されている。運動会を行うことで、他教科の力がつくようにする。例えば用具の置き方をどのようにするかを話し合うことで、言語活用能力がつく。用具の出し入れを協力する中で、協力するという道徳が学習できる。

　プログラム作成、ポスター作製などで図工の力もつく。このように、他教科との関連を図りながら運動会を行うようにしていく。

3　本書の特色

　1　準備する用具・器具をイラスト・図・写真で示してある。
　2　手順・方法をテーマによって、イラスト・図・写真で示してある。
　3　運動場の使用の仕方・場づくりをイラスト・図・写真で示してある。

　文章だけでは分からないところは、ビジュアルな方法で示してある。必要な個所が、どこからでも調べられ、すぐに役立つ内容になっている。

　今までの運動会種目集とは違った編集、構成がされている。目的に応じて、本書を活用して頂ければ幸いである。

1 教科との関連　　運動会に付随する事柄を他教科と関連づける

作戦づくりでアクティブ・ラーニングの力を発揮させる

運動会の練習時間は、無理・無駄なく短縮していきたいものです。しかし、それ以外にも、運動会に付随する事柄を、他教科と関連づけることで時間を短縮することができます。

逆に、他教科で培ったアクティブ・ラーニングの力を、運動会競技における作戦づくりで発揮させることができます。

①運動会に付随する事柄を他教科と関連づける発想をもつ

運動会の練習に膨大な時間をかけることは、「百害あって一利なし」である。できるだけ、無理・無駄なく効率的に練習を行いたい。

しかし、運動会の練習時間が短縮されても、それでも、やらなくてはならないことがある。

学校によっても違うのだが、運動会に付随する事柄がけっこうあるのだ。

例えば、保護者や地域の方々への案内状書きである。

例えば、万国旗のように会場に飾られる、子ども達１人１人がつくる旗づくりである。

例えば、演技で使用する衣装・はっぴづくりである。そして、演技で使用する小物づくりである。

例えば、運動会後に書かれる「運動会の作文」である。

例えば、運動会後に描かれる「運動会の絵」である。……

これらの事柄に費やす時間も馬鹿にならない。とはいえ、なかなかなくすことも減らすこともできないだろう。

だから、

> **運動会に付随する事柄を、他教科と関連づける発想をもつ**

ことが必要なのである。

保護者や地域の方々への案内状書きは、国語の「紹介文」の授業として行う。見所について、「１つ目は、２つ目は、３つ目は」という言葉や、「まず、つぎに、それから」といった接続詞を使って書かせるのである。加えてキャッチコピーを考えさせると、さらに楽しいものとなる。

子ども達１人１人が作る旗づくりは、図工の授業として行う。内容は、自画像がよい。ここで、運動会後に描かれる「運動会の絵」の練習をしておくのだ。顔の描き方を、ここでざっと教えておくと、後が楽である。なお、自分の顔の周りには、カラフルな模様をつけるとよい。（私は、競技で運ぶ大きな宝物の箱に、全員の自画像を貼り付けたこともある。）

衣装や小物づくりは、家庭科や図工の授業として行う。色づかいやデザインの学習として行うこともできるだろう。

> **他教科と関連づけることで、全体として無駄をなくし、時短を実現する**

［左余白：Ⅰ　運動会の計画と準備］

神奈川県横浜市立南神大寺小学校
渡辺喜男

②他教科で培ってきたアクティブ・ラーニングの力を、運動会の練習でも発揮させる

アクティブ・ラーニングの段階について、向山洋一氏が次のように提示している。

> アクティブ・ラーニング５段階（向山洋一氏）
> ①課題を発見する　②課題を追究する　③討論・論争する
> ④異なった意見を認める　⑤結果をまとめる

このような段階に沿って、各教科においてアクティブ・ラーニングの力を培っていくことになる。
その培ってきた力は、運動会の練習においても十分に発揮することができる。
というのは、運動会の練習、特に、

> 競技の練習は、アクティブ・ラーニングにふさわしい内容をもっている

からである。それは、

> 作戦づくり

である。
作戦づくりには、以下の段階が入っている。
①課題を発見する＝勝つためにはどう行動すればよいのか。なぜ負けたのか、もっと強くなるにはどうするか等。
②課題を追究する＝何度も練習することで、作戦の適否を確認する。
③討論・論争する＝組ごとに集まり、作戦について、話し合う。
例として、騎馬戦をあげる。
一騎打ちではなく、赤の全部の騎馬対白の全部の騎馬の対決場面があり、生き残った騎馬の数が多い方が勝ちというルールだったとする。
当然、勝ちたい。しかし、いつも帽子を取られてしまう騎馬がある。一方、あまり相手の帽子は取れていない。そんな課題が発見される。
そんな時、赤組、白組それぞれが集まって、どうしようかと作戦づくりを行うのだ。様々な論議が起こる。お前達の騎馬は戦わずに逃げ回れ、俺達は戦いに行く。この２つの騎馬は離れずにいて同時に攻撃していこう。いや、後ろに回り込んで攻めるようにしよう。……
論争が起こるのだ。そして、実際に勝負をして作戦の是非を問うことで、課題を追究させていく。

> 競技の練習において、作戦づくりの時間をとる

ことで、他教科で培ってきたアクティブ・ラーニングの力が発揮されるのだ。

2　種目の決定
運動会種目にもアクティブ・ラーニングの発想を

　運動会種目にもアクティブ・ラーニングの発想が必要です。
　子ども達が作戦を立てて、その成否を試すことのできる団体種目。子ども達が自分で創作した動きを取り入れた表現・リズムダンスなどを取り入れるようにします。

1．アクティブ・ラーニングの発想を取り入れた種目

　教育界全体に「アクティブ・ラーニング」の考え方が広まっている。運動会でも例外ではない。
　子どもが実際にやってみて考える、意見を出し合い考える、情報を集めてまとめるなど、いろいろな活動を通して、子どもが主体的・協働的に活動できる種目を取り入れるようにしたい。
　団体種目なら、クラスで立てた作戦を生かせるような種目にしていく。
　表現でも同様である。教師の指示通りに動くだけでなく、子ども達が自分で創作した動きを取り入れるようにしていく。

2．10のポイントを取り入れた種目

　根本正雄氏は、「子どもや保護者に受ける運動会種目を創るための10のポイント」として、次のように挙げている。

---

①どの子も参加できる。
②参加者も一体になれ、見て楽しい。
③ルールが簡単である。
④スリル感がある（ドキドキする）。
⑤準備物が少ない。
⑥挑戦心がある（ちょっと難しい）。
⑦逆転現象が起こる。
⑧期待感がある（ラッキーもある）。
⑨勝敗が最後まで分からない。
⑩知的である（作戦を立てる）。　　『楽しい体育の授業』（明治図書）No.191

　どの子も参加できて勝てるチャンスがある種目にすることは、特に大切なポイントである。運動の得意な子ばかりでなく、苦手な子も意欲が持てる内容にする。
　そのためには、ルールが簡単で分かりやすく、準備物も少なくする必要がある。ルールが複雑になり、準備物が多くなると、能力差が出やすい。

宮城県仙台市立沖野東小学校
太田健二

勝敗が最後まで分からないようなスリルがあり、逆転現象があるような種目であれば、参加者も一体となり、盛り上がる。
「⑩知的である（作戦を立てる）」は、アクティブ・ラーニングの考え方にも通じる。

3．時数が削減できる種目

運動会の練習に割いた時間の調査結果がある。

```
1年生　18時間（うち表現12～13時間）
2年生　22時間（うち表現17時間）
3年生　20時間（うち表現17時間）
4年生　20時間（うち表現17～18時間）
5年生　13時間（うち表現11時間）
6年生　24時間（うち組体操21時間）
```

体育の年間授業時数は90～105時間であるから、概ねその2割近くが運動会練習に費やされているといえる。運動会の種目は、学習指導要領の体育科に示された内容に準じていない場合も少なくない。そう考えると、2割もの時間を費やすのはやり過ぎである。

団体種目なら3～4時間、表現種目なら8時間程度が限度であろうと考える。

4．騎馬戦でアクティブ・ラーニング

これらの要件を満たした私の実践に、5年生で行った騎馬戦がある。練習時間は3時間である。

向かい合った騎馬同士戦う「一騎打ち」、時間内に残った騎馬の数で競う「団体戦」、大将のかぶとを取った方が勝ちとなる「大将戦」の3回戦で行った。

練習の際に敗れた私のクラス。ある朝、教室に入ると、作戦を考えるために、朝から熱い議論を交わしていた。

大将戦では、おとりとなった騎馬が正面から戦っている間に、うまく背後から回り込み、相手の大将のかぶとを取るという作戦が奏功し、勝利した。

作戦会議で、話し合いを通して子ども達の意欲も増し、連帯感が深まった。

3　プログラム作成

子どもが喜んで取り組む、頑張る姿が見えるプログラム作成例

子ども達が主体的に取り組むプログラムの作成のポイントは次の3つです。

1　子ども達が進んで取り入れるオープン種目の導入
2　子ども達の学習の成果を発揮するプログラムの導入
3　リーダーを育てるプログラムの工夫

プログラムを作成することは、料理を作るようなものだ。子ども達が喜んで問題解決に主体的に取り組む。子ども達の頑張る姿を地域・保護者の方にみていただく。子ども達のそれぞれのよさを引き出し、おいしい料理に仕上げるのは教師の腕である。そういったプログラムの作成例を紹介する。

1　子ども達が進んで取り入れるオープン種目の導入

子ども達が、より主体的に取り組むためには、大人が考えた種目をただやるだけではなく、自分達の得意な種目を取り上げることで喜んで取り組むことができる。そして、それは強制ではなく、オープン種目として取り上げる。つまり、やりたい子ども、挑戦したい子どもだけが参加するのである。

まず、取り上げたのは休み時間に熱心に取り組んでいた一輪車と竹馬の演技である。一輪車には女の子、竹馬には男の子が主に挑戦した。内容は、来賓や保護者の前を通っていく演技である。一輪車だと、本部の前で2人組で回転するなどの演技をした。あるときは、挑戦している子どもの名前や技を放送で紹介したこともあった。運動会で演技することもあって、休み時間での活用がより一層増えた。

また、下級生も大きくなったら参加したいという気持ちをもつようになった。さらに、一輪車や竹馬であれば、普段運動が苦手な子どもが活躍する場が用意できた。Mさんは、肥満傾向で運動が苦手だった。しかし、一輪車は上手に乗ることができた。そこで、当日オープン種目に参加した。下級生も地域の方も驚き、本人は何よりうれしそうであった。

これ以外にも、例えば「マラソン」を行った学校もある。上学年、下学年別で行うといろいろな学年が入り乱れ、おもしろい種目として人気であった。

12	団	みんなでサンバ！	金	内
13	個	一輪車・竹馬　演技	オープン	
14	団	紅白対抗綱引き	全児童	内 ◎

運動会のプログラムの一部（平成12年度）

2　子ども達の学習の成果を発揮するプログラムの導入

私が関わってきた運動会の多くは、5月の開催であった。そして、そのしばらく後

富山県氷見市立宮田小学校
表　克昌

I 運動会の計画と準備

で6年生を中心として市の連合体育大会が行われた。その中で全員が参加する種目として「ハードル走」があった。子ども達は、運動会の練習と並行して連合体育大会の練習も行っていた。そのハードル走を運動会のときにも行ったらどうかと考えた。

多くの人に見てもらう場を設定することで、より子ども達は緊張した場面を迎えることができ、一層練習にも熱が入った。さらに、5年生も取り組むことによって、次年度の大会を見据えたプログラムにもなった。

秋の学習発表会で音楽や劇をするように、運動会では、体育の学習の発表の場を設けることで、子ども達は「ハードルをどうすれば速く跳び越せるか」などの問題を解決する力が高まっていった。

3　リーダーを育てるプログラムの工夫

運動会では、各団団長、副団長、応援団長、応援副団長などの役割があり、6年生は特に全体のリーダーとして引っ張っていく。そこで、次のような工夫を行った。

①プログラムの中に団長の言葉を入れる

全員に配布するプログラムの中に下のような団長のメッセージを入れた。これを読んだ保護者や地域の方も本番をとても楽しみにしてくださったと評判も上々だった。何よりも子ども達が団長としての自覚をもつことができた。

②団の解団式を演出する

運動会には、団の結団式や解団式がある。その解団式を閉会式の直後に行う。そこでは、6年生の1人1人の言葉や5年生の代表のあいさつを行った。競技の部や応援の部の結果発表後ということもあり、特に6年生はやりきった満足感や負けた悔しさがあった。中には涙ぐむ子どももおり、参観していた保護者も感動していた。

団長の言葉　M・H（赤団）
今年の赤団は、きびきびと行動します。応援合戦も工夫をして、白団に勝ちます。ぜひ、見に来てください。

T・S（白団）
白団全員が一つになって、赤団に勝ちます。今年の目玉は大きな声です。みなさん白団を応援してください。

プログラムの中の団長の言葉

その他保護者（PTA）を巻き込んで次のようなことを行ったら、子どもも大満足であった。
- 児童代表、先生代表、保護者代表のリレー
- 閉会式でのPTAの保体委員長の整理体操（アイーン体操）

子ども達が主体的に取り組むためには、教師が前もって、子どものリーダーと話を進めたり、子どもの様子を観察したり、PTAと相談したりといったプロデュースが不可欠である。

4 ポスターと案内状

インパクトのある作品を短時間でつくる『ポスターと案内状』

　ポスターと案内状で一番大切なことは、内容、開催日、時刻、場所を正確にわかりやすく伝えることです。ポスターにおいては、文字の描き方が重要です。それに、人の目を引き付けるワンポイントの絵。案内状は、もらった人が安心して参加できる文章も大切です。

1　ポスターの描き方

　このポスターは、子ども達が描いた学習発表会の時のポスターである。酒井式描画法で描いた切り貼りのポスターである。
　図工の時間、3時間ほどでできる。
　この例は、学習発表会だが、運動会用にアレンジすればよい。
　絵には、短い時間で仕上げるならば、同じ題材にして一斉指導で描かせるのがよい。中でもピエロは、インパクトがあり、多様性がある。
　酒井式ポスターの大事なポイントは、切り貼りだ。
　切り貼りだから文字も目立ち、きれいに仕上がる。
　ピエロの顔と手も描いて切り貼りなので、置き方を工夫すれば、様々な雰囲気のポスターになる。
　酒井式ポスターの手順である。

（1）ピエロを描く
　B5判ほどの白画用紙を用意する。描く順番はマジックを使って次のようにする。
①顔（丸い顔や細長い顔に帽子を付け、5種類以上の見本を示すとよい。）
②鼻、③目、④眉、⑤口の順で描く。
　手は別に描いて、後で切り取る。（体を描いてもよい）この後、色を塗る。
（2）文字を描く　字の大きさに合わせて細長い画用紙を配布する。

対象学年　3～6年
指導時間　3時間
準備物　白・色画用紙　絵の具　はさみ　のり

福井県鯖江市進徳小学校
辻岡義介

文字の描き方のポイントは、**太く、くっつけて**描くことである。そのほか、好みに応じて、ふちどりをしたり、ラインを入れたりするとくっきりした文字になる。

色は白を少し混ぜて、不透明色で濃く塗る。

失敗しても、画用紙を配って再度描かせていけばよい。

（3）ピエロと文字を切り取る

切り取り方は、ピエロの顔や手、文字などを輪郭ぎりぎりで切るのではなく、文字から少し離してふちどりをとるように切ることである。

（4）ピエロと文字を貼る

色画用紙（四つ切り画用紙大）を1枚選び、その上に顔や手、文字を置く。

顔や手の向きや位置、文字の配置など様々に工夫して、貼る場所を決める。

貼るときには、のりをふちにしっかりぬってはがれないように貼る。

この後、場所や期日、時刻等他の文字をマジックなどで付け加えて完成である。

2　案内状

案内状は、題名、期日、時間、場所、宛名、差出人、学校名、メッセージを書く。

絵は、色鉛筆がよい。短い時間で綺麗に書ける。

案内状では、特にメッセージが大切である。メッセージの例文である。

○○小学校　運動会のご案内
来る10月10日（土）○○時から○○小学校の運動会を○○小学校グラウンドにて開催します。
玉入れや組体操、リレーなど楽しい競技がいっぱいです。
わたし達は、運動会に向けて一生懸命練習しています。
わたし達の姿をぜひ見に来てください。　　　　　　　○○小学校　生徒一同

案内状は、もらった人が、安心して行けるような、温かいメッセージが大切である。

時間がない時には、絵を描いた児童から案内状を書かせたり、ポスター班と案内状班（案内状は1人何枚でも作成すればよい）に分けて同時進行で作成させたりして効率よく進めていくとよい。

〈参考文献〉
- 「ソープル2006.7特別号」TOSS酒井式全国大会福井大会報告
- 『酒井式描画指導法入門』酒井臣吾著（明治図書）

5 開会式・閉会式

短い練習時間で心に残る演出法「開会式・閉会式」

　多くの演出をしようと思えば思うほど、時間が多くかかる開会式・閉会式。大事な子ども達の学習時間を削って行うほど、価値ある活動になっていないのが現実です。来賓も参加する式であるため、見栄えをよくしようと考えてしまうが、子ども達の力になることをまず、考えたい。開会式・閉会式でも、子ども達の創意工夫を取り入れていきたい。

〈心に残る開会式にするポイント〉
①短時間で終わる内容を構成・工夫する。
②学校のオリジナル企画（伝統的なもの）を取り入れる。
③練習は個別に行い、総練習は確認だけにする。
④児童会に企画・運営を任せる。
⑤閉会式では、得点の発表を工夫する。

---

①短時間で終わる内容を構成する。

　どんな立派な開会式でも、時間が延長しては、意味がない。まずは、時間内に終わる構成を組むことが大事である。
〈手順〉
①時間のかかる内容を見直す。（前年度の様子を確認する。）
②来賓等のあいさつの時間を短くする。

　以前、大規模校で入場行進をやっていた学校があった。運動場を行進するので、5分もかかった。すぐに止めて、一斉に前に来る行進に変えた。30秒で終わった。時間のかかる内容は、改善すべきである。
　また、時間が延びる最大の理由は、話の長さである。そこで、次のようにする。
・校長先生の話を短くする。※次の方の目安になる。
・来賓の方に目安の時間を事前に連絡する。
　ポイントは、子どもの体調である。子どもの体調を考えて、時間を短くしたいという理由であれば、問題はない。実際、長い話は、子どもに負担がかかる。

②学校のオリジナル企画（伝統的なもの）を取り入れる。

　短時間で心に残るような開会式にするには、このオリジナル企画を取り入れると効果がある。伝統的に続くものならなおいい。しかし、時間のかかる取り組みは改善すべきであり、新たに取り入れるのが難しい場合にはやめる。
〈手順〉
①オリジナル企画（伝統的）がある場合には、継続する方向で進める。
②ない場合には、児童会で検討していく。（入れないという選択肢もある。）
　本校では、「トトロ体操」という準備運動を継続して行っている。これだけでも違う。また、学校のキャラクターを作ったときもあった。しかし、継続が難しく、1年で終わった。あくまで、無理をしないで、できることを考えることが大事である。

対象学年　全学年

静岡県掛川市立西郷小学校
前島康志

③練習は個別に行い、総練習は確認だけにする。

> 5月20日司会（昼休み）　20日めあて発表（昼休み）
> 21日選手宣誓（昼休み）　22日全体練習（昼休み）　23日総練習（2校時）

〈手順〉
①開会式の練習は、総練習前に行う。
②総練習では、確認だけにする。
　総練習で開会式の練習を行ったとき、選手宣誓の声の大きさや位置などその場で指導することがある。
　しかし、多くの子どもは、それを見ているだけである。したがって、個別指導は、個別に行う方がいい。全体で行うのは、全体に関わることだけにすべきである。
　担当の子どもには、大切な昼休みの時間を使わせてしまうことになるが、昼休みをめいっぱい使わずに、すぐに終わるようにする。

④児童会に企画・運営を任せる。

〈手順〉
①運動会前、できるだけ早くに企画会を開く。（子どもの自主性を生かす。）
②企画会前には、6年生で話し合いを行い、運動会への考え方を話し合う。
　開会式・閉会式だけでなく、運動会について児童会中心に話し合いをさせる。これが大事である。どんな運動会にしたいかを最高学年の6年生がイメージする。それを企画会・代表委員会で話し合っていく。このような活動が、子ども達の力になってくる。
　開会式の内容も、児童会で話し合わせる。学校オリジナル企画もここで話し合わせる。必要なら行うし、必要ではないならやめればいい。この活動をぜひ行ってもらいたい。

⑤閉会式では、得点発表に工夫をする。

　閉会式でのポイントの一つは、得点発表である。

> 赤組972点　　白組968点

　一番盛り上がる場面である。
　最近、多くの学校がやっている方法である。発表する順番を、百の位、一の位、そして、最後に十の位にする。これだけで盛り上がりが違う。このような工夫を取り入れていくといい。

6 放送原稿

放送原稿を明るく元気よく読む、競技の実況のポイント

　運動会で放送係の仕事は、各種目の放送原稿を明るく元気よく読むことです。さらに、事前に準備された原稿を読むだけではなく、競技中の実況にも挑戦させたいです。ただし、実況をアドリブでこなすことはとても難しいので、モデルを示し、子どもが考えた工夫を少しずつ入れながら、実況台詞を考える活動を取り入れた準備モデルを紹介します。

〈短時間で指導するコツ〉
①放送原稿は原稿を読む児童の人数分コピーしておく。
②放送の練習は、運動会本番と同じ環境で行う。

1．入場行進時、各チームの紹介。　2．開・閉会式の進行。
3．各種目の放送原稿を読む。　　　4．出場選手の紹介。
5．競技中の実況。　　　　　　　　6．選手の呼び出し。

①放送原稿は原稿を読む児童の人数分コピーしておく。

○放送係の仕事は、右ページのようなものである。
〈手順〉
○職員会議で運動会の実施計画が提案されたら、いつ1回目の係活動があるかを確認し、放送原稿執筆の期限日を決める(係活動日の2～3日前をお勧めする)。
○各プログラム・各種目の担当者に、放送原稿執筆のお願いをして、用紙を渡す。
○担当者から頂いた放送原稿には手を加えず、指導する教師、原稿を読む児童の人数分コピーしておく。
○1回目の係活動日に、どのプログラム・種目の放送原稿を読むか担当児童を決める。決まった児童に、コピーした放送原稿を渡し、練習させる。

【ポイント】
○放送原稿のコピーを渡すことで、児童の役割が明確になり、活動に対する意欲を高めることができる。また、競技中の実況台詞を後に考えさせることもできる。

②放送の練習は、運動会本番と同じ環境で行う。

○環境が許すなら、外でマイクを使い、スピーカーから出る自分の声を聞きながら、放送原稿を読む練習をすることをお勧めする。

対象学年　5・6年
指導時間　2時間
準備物　放送原稿用紙　過去の放送原稿

奈良県香芝市立旭ケ丘小学校
大中州明

〈事前準備・活動計画例〉

日時	行事名	事前準備・指導上の留意点
7／1～	放送原稿執筆依頼 （運動会実施計画提案後）	○どのようなことを、放送原稿に書けばよいかわからない先生のために、過去に使用した放送原稿を準備し、閲覧できるようにしておく。 ○放送原稿は児童が読むものなので、台詞調で書いてもらうようお願いする。 　（例）「選手が入場しました。最初に入場してきたのは○組です。今年の○組は……。」
9／11	放送原稿締め切り	○機会があるごとに締め切り日をお知らせする（1週間前、3日前、前日等）。 ○担当者から頂いた放送原稿には手を加えず、指導する教師、原稿を読む児童の人数分コピーしておく。 ○もし、担当者が原稿の内容変更を希望するとき、原本を渡せばよい。
9／14	係活動（1回目）	○どのプログラム・種目の放送原稿を読むか、担当児童を決める。 　担当が決まった児童にコピーした放送原稿を渡し、練習させる。 ○読み方のポイントを指導する。『明るく、元気よく放送する。』
9／28	係活動（2回目）	○マイクを使い、スピーカーから出る自分の声を聞きながら、放送原稿を読む練習をする。 ○マイクで練習する順番を待つ間、競技中の実況台詞を考えさせる。 　いきなり、台詞を考えるのは難しい児童がいることも予想されるので、できれば、事前に台詞集をつくっておくことをお勧めする。
		★ただ今の競技は、プログラム○番○年生による○○です。 ★これから、第○組が走ります。★ただ今、第○走者です。★○組さんがんばってください。 ★ただ今の順位は、1位○組、2位○組……。★○組がバトンパスをしました。 ★○組アンカーです。★○組が○組を追い越そうとしています。 ★選手が退場しました。ご覧のみなさま、大きな拍手をお願いします。 ★プログラム○番○○に出場する○年生のみなさんは、入場門前に集合してください。 ★「わーっしょい」「よーいしょ」（綱引き） ★「ひとーつ（1つ）、ふたーつ（2つ）、みっつ（3つ）……」（玉入れ）
10／2	運動会前日準備	○マイクを使い、スピーカーから出る自分の声を聞きながら、放送原稿を読む練習をする。
10／3	運動会当日	

Ⅰ　運動会の計画と準備

7　記録と表彰

記録と表彰の一工夫で運動会を盛り上げる

　運動会で子ども達は、自分達の競技の得点や団の勝敗を意識するものです。自分達の競技が終わった後、他の学年の競技の最中、記録掲示を気にしている子どもも多いものです。その記録の掲示の仕方や、結果の表彰に一工夫を加えることで、運動会の盛り上がりが大きく変わってきます。運動会が盛り上がるような、記録と表彰の工夫の一つを紹介します。

〈運動会を盛り上げる記録・表彰の一工夫〉
①運動会の後半は、記録掲示を隠す。
②ユニークな賞を設定して表彰する。

①運動会の後半は、記録掲示を隠す。
　運動会のプログラムで、後ろから数えて3つの得点が入る競技では得点の記録掲示を隠す。

○実際のプログラム（網がかかっている競技が得点の入る競技）

	午前の部			午後の部	
1	開会式	全体	13	応援合戦	
2	個走（障害物走）	5年	14	全校縦割り種目	全体（後半）
3	団体（集団リズム）	1年	15	団体（競技）	5年
4	個走（徒競走）	4年	16	全校リズム	全体
5	団体（集団リズム）	2年	17	個走（障害物走）	3年
6	個走（徒競走）	6年	18	団体（集団リズム）	6年
7	団体（競技）	3年	19	対抗リレー	5年・6年
8	個走（徒競走）	1年	20	閉会式	全体
9	団体（集団リズム）	4年			
10	個走（徒競走）	2年			
11	全校縦割り種目（前半）	全体（前半）			
12	対抗リレー	3年・4年			

○実際の得点配分

- 個人走　1位…3点　　　・リレー　1位…30点　　2位…25点
  　　　　2位…2点　　　　　　　　3位…20点　　4位…15点
  　　　　3位…1点　　　　　　　　5位…10点　　6位…5点
  　　　　4位～…なし
- 団体競技・全校縦割り種目　1位…50点　　2位…30点　　3位…10点

※引き分けの際の得点配分（団体競技）

| 1位が同着の場合 | 1位…40点 | 1位…40点 | 3位…10点 |
| 2位が同着の場合 | 1位…50点 | 2位…20点 | 2位…20点 |

石川県金沢市立千坂小学校
花木睦朗

| 1位同着3チーム | 1位…30点 | 1位…30点 | 1位…30点 |

　このようなプログラム、得点配分では、最後の5年生団体競技、3年生個人走、5年・6年対抗リレーにおいて、大きな得点が動く。それまで大きな差で勝っている団があっても、逆転が可能である。このタイミングで、得点が張ってある記録掲示を隠す。すると、どんな結果になっていくのかのわくわく感が生まれる。得点の行く末を予想する姿も見られるようになる。また、他の学年の競技であっても集中して応援し、競技が盛り上がるようになる。

②ユニークな賞を設定して表彰する。

　応援合戦の表彰に、ユニークな賞を設けて表彰式を盛り上げる。

　団ごとの勝敗は、競技の得点で明確になる。しかし、勝敗を決しづらいのが応援合戦である。基準は不明確であり、必ずしも納得できるような結果が出せるとは限らない。しかし、応援団も熱心に練習に取り組んできているため、表彰式で表彰されてこそ報われる。そこで、ユニークな賞を、応援合戦を見た管理職が考え、表彰する。

○賞の例
　　青団…キレキレのダンスで賞
　　赤団…燃え上がるかけ声ハッハッハで賞
　　白団…ゆるゆるダンスでなごませたで賞

　表彰式の場は、笑いと歓喜に包まれる。

応援合戦を見た管理職が、賞の名前と賞状の文面を考える。
その場で、賞状に書く。
表彰式では、真剣に賞の名前を発表するのがポイントである。

①個人種目1・2年生

II 借りて、走って、ゴーゴーゴー

「借りて、走って、ゴーゴーゴー」は、借り人競走です。準備も練習も簡単です。男女が手をつなぎ、声を掛け合いながら、借り人を探す姿は、ほほえましく、低学年におすすめです。

〈ルール〉
① 1グループは、2人から5人ぐらいが適当。
② グループは、必ず手をつないで走る。障害物のあるところは、手を離す。
③ 借り人を指示するカードは、内容が赤白、対になるようにする。カードは6年児童が持つ。
④ ゴールは運動場の真ん中にする。誰の目から見ても、勝敗がはっきり分かる。
⑤ 借り人で連れてきた人を真ん中にして、必ず手をつないでゴールをめざす。

〈場づくり〉

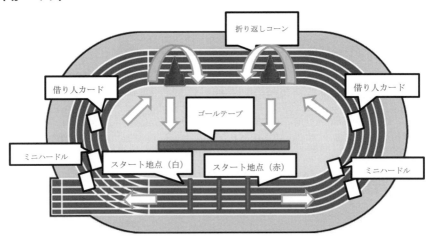

【ポイント】
○放送を使った応援が、この競技を一層楽しくする。競技前に、アナウンスを入れる。
「この競技は、会場の皆さんと一緒に行う競技です。ご協力、お願いします」
また、競技中にも「おじいちゃん転ばないでね！」「校長先生、頑張って！」など、アドリブで、楽しい言葉を入れるとよい。
○カードは、指示が観客に分かるように、首にかけるようにする。
○障害物は簡単なものにする。ミニハードルは、軽くて準備もラクである。

指導時間　2時間
準備物　ミニハードル　カラーコーン　ゴールテープ
　　　　借り人指示のカード

愛知県愛西市立西川端小学校
佐藤貴子

〈事前準備・アクティブ・ラーニング発想〉
○どうしたら、早くゴールできるかを考える。
　グループで作戦を考え、赤白チームで検討する。
　（例）大きな声を出して探す。観客席の方へ行く。
　　　　手を離さないように走る。

〈トラブルマニュアル〉
○練習段階の危機対応
　カードの内容が分からない→大きく紙に書いて、首にさげる。
　ルールの確認→原則は手をつないで走るが、障害物のあるところは、手を離してもよい。ここからここまでと、運動場にラインを入れておくとよい。その場所以外で手を離したときは、離した所に戻ってやり直しをすることを確認しておく。
○本番中の危機対応
　誰も出てくれない→職員に、声かけをしてもらう。
○事後の危機対応
　着順に対する文句→審判係の職員と児童に協力してもらい、着順判定を明確に行う。

〈この競技でつく力・教科との関連〉
①人前で大きな声で話すことができる。
　はずかしがらないで、大きな声で話すことにより、**国語の言語力を高める。**
②友達と話し合って、問題解決をする。
　「どうしたら早くゴールできるか」を、皆で話し合うことにより、**論理的思考力・コミュニケーション能力を高める。**
③皆と一緒に、楽しく運動することができる。
　友達や校長先生、地域の人達と一緒に、楽しく運動することにより、**体育科のねらいである体を動かすことの楽しさを味わう。**

校長先生と一緒にゴール。

おじいちゃん、転ばないでね。

②個人種目3・4年生

ラッキーフラッグをさがせ（障害物競走）

　子どもも保護者も熱狂する個人種目・障害物競走です。障害物競走は、逆転場面を仕組むことができます。コース上に伏せて置いてあるフラッグをめくり、ラッキーフラッグならそのまま直進、残念カードなら回り道コース。よくある方法です。しかし、どのカードを引き当てたか観客には見えません。その欠点を旗（フラッグ）に改良した種目です。

〈熱狂させるコツ〉
①逆転場面を仕組む。
②観客からも競技の様子がすべて見える。

①逆転場面を仕組む。

　障害物競走は、脚力以外の要素で順位の変化が起きる。最下位だった子が、1位になる場面を起こすこともできる。
　どの子も1等賞をとることができる可能性が生ずると意欲的になり熱狂する。

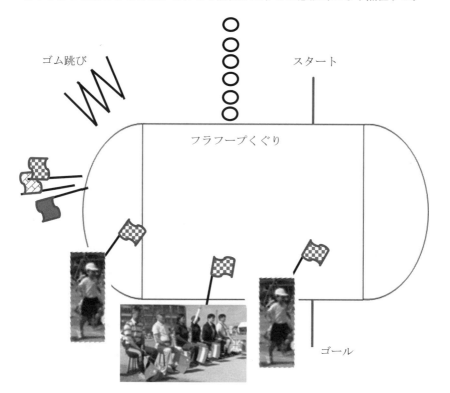

26

指導時間　1時間
準備物　3か国の国旗　ゴムひも　フラフープ

山口県宇部市立藤山小学校
三好保雄

II 運動会種目編

1 子ども・保護者が熱狂するレシピ

〈ルール〉

スタート
↓
フラフープくぐり　置いてあるフラフープを頭上に上げ、頭から胸、腹、足とくぐらせる
↓
ゴム跳び　Wの字状に張られたゴムを跳び越えていく。

走路上に伏せて置かれたカードをめくる。
ラッキーフラッグ・・・・・「そのまま、進め。」
残念フラッグ・・・・・・・「回り道コース。」
観客からは、どのフラッグを選んだかが見えにくい欠点がある。

②観客からも競技の様子がすべて見える。

〈見える化ルール〉
①箱から自分の好きな国旗を選ぶ。（3種類の中から1種類を選ぶ）
②校長先生や来賓6人が後ろ向きに座っているところまで走り、来賓の肩を軽くタッチし合図を送る。（来賓には、どの子が来たか見えない）
③肩をタッチされた来賓は、手に持っている3本の国旗の内いずれか1本の国旗を挙げる。
④自分の持つ国旗と同じ国旗が挙がったら、そのままゴールへ走ることができる。
⑤別の国旗が挙がった場合は、戻って同じ国旗に取り換えてゴールを目指す。
子どもが選んだ国旗、来賓が挙げた国旗は、観客からよく見える。
競技の様子が瞬時に分かるので熱狂しやすい。

同じ国旗だ。ラッキー。

逆転ゴールだ。

③個人種目5・6年生

会場が盛り上がる『今日の運勢は!?』

　逆転現象が起こる運命競走です。運命カードに書かれた「お題」通りのことをしてゴールまで走ります。どんな「お題」がでるのかハラハラドキドキです。誰が勝つのか、最後まで分かりません。参観者も巻き込んだ種目となり、盛り上がること間違いありません。

〈ルール〉

①4・5人がスタート地点に横一列で並び、「よーい、ドン!」の合図とともに、運命カードのところまで走る。
②運命カードをめくり、カードの「お題」通りのことをしてゴールする。
③ゴールをした順に1位・2位……と着順がつく。

〈場づくり〉

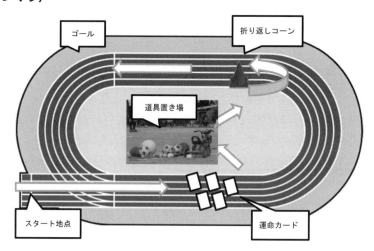

【ポイント】

○運命カードはコース別に置いておくと、衝突などの事故防止になる。
○支援を要する児童には、達成できる「お題」を出すようにする。そして、対象児が走るコースに運命カードを置くとよい。他の児童には「シャッフルして何が出るか分からない」とルール説明をしておく。
○道具は学校にある手軽なもの、ボールやなわ跳び、フラフープなどを使用するとよい。
○運命カードを置く先生、コーンを回ったかチェックする先生を配置するとよい。
○放送係に運命カードの内容を知らせておき、アナウンスすると会場が盛り上がる。

指導時間　3時間
準備物　運命カード　コーン　なわ跳び　ボール等

大分県国東市立安岐中央小学校
吉本研二

II 運動会種目編

1 子ども・保護者が熱狂するレシピ

〈事前準備・アクティブ・ラーニング発想〉
○運命カードの「お題」を皆で考える。
　児童が意見を出し、内容を決定していく。その際、思考ツールを使う。例えば、付せんにやりたい内容を書き、KJ法で整理・分析していく。
　（例）三輪車に乗ってゴールする
　　　　校長先生と一緒に走る
○運命カードを児童が作成し、修正していく。
　枚数を計算し作成する。練習の後は、無理のある「お題」はないか話し合い、修正していく。

運命カードの例：
- お家の人と二人三脚で走る
- 応援団の団旗を持って走る
- 校歌の一番を歌ってからゴールする

整理・分析の場面
「ぼくも同じ！」

〈トラブルマニュアル〉
○練習段階の危機対応
　支援を要する児童への対策→競技に参加できるように本人ができそうな「お題」を一緒に考えておくとよい。例えば、安心できる「A先生と手をつないで走る」などを考えておく。
○本番中の危機対応
　道具置き場のリセット→同じ「お題」が続かぬよう、運命カードは担当の先生が配置する。準備係の先生や児童と連携を密にして、使用した道具はすぐに道具置き場に戻すようにする。
○事後の危機対応
　着順に対する苦情→審判係に明確な判定をしてもらう。できればコーンの所にも審判を配置し、着順が微妙な時やルールを守れていない時は直ちに協議し、会場へ説明を行う。

〈この競技でつく力・教科との関連〉
①国語の「読み取る力」など
　カードに書かれた「お題」を正確に理解する**国語の読み取る力**がつく。さらに、**指示通りに行動する力や集中力**もつく。もちろん体育における**走力**もつく。
②道徳的実践力
　カードの「お題」によって順位が変動する。つまり、運が関係してくる。走力に自信がない子どももこの競技であれば勝つ可能性がある。**最後まであきらめない力、最後までやり抜く力**がつく。

「何が出るかな？」
「急いで用意しなきゃ！」

④団体種目2年生

お助けマン参上!!

　チームの半分が最初から綱を引き、残りの半分が、トラックを半周走ってから助けに行く『お助けマン参上!!』です。この綱引きは、力の強いチームが勝つゲームではありません。
　いかに素早く、味方を助けに行けるかがポイントです。

〈ルール〉
① 入場門には、各色2列ずつで並ぶ。「最初から綱を引く」チームが前に並び、「お助けマン」達が後ろに固まって並ぶようにする。
② 入場の合図が入ったら、「最初から綱を引く」チームは綱に沿って並ぶようにする。2列で並んでいるので、2人で綱を挟んで並ぶ。
③ 「お助けマン」は、トラックの外側に設けた待機線に並ばせる。
④ 「位置について、よーい、スタート」の合図で、「最初から綱を引く」チームは綱を引き、「お助けマン」は綱に向かって走り出す。
⑤ 一定の時間が過ぎたら、試合終了。真ん中の線よりも自分達側に引っ張ったチームの勝ち。第2回戦は、場所を紅白でチェンジして行うようにする。

〈場づくり〉

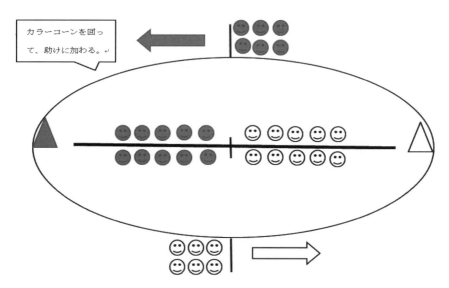

指導時間　2時間
準備物　綱　コーン　お助けマン用ゼッケン

千葉県鎌ケ谷市立中部小学校
本宮淳平

【指導のポイント】

「最初から綱を引く」チームと「お助けマン」とがあるが、誰をどのチームにするのかをまず決める必要がある。希望を取っても良いだろうし、2年生なので教師が決めてしまう方法も考えられる。いずれにせよ、「お前は足が遅いから綱を引け」のような言葉が、子ども達から出されない決め方を学年で共通理解して選ぶ。

〈事前準備・アクティブ・ラーニング発想〉

「最初から綱を引く」チームと、「お助けマン」の人数を決めさせる。「半分ずつ」を基準とし、どちらか一方の数を増やすかどうかを検討させる。

〈トラブルマニュアル〉

○練習段階の危機対応

「お助けマン」が決まったら、足の速い子達が集団の前に来るように配置すると良い。なぜならば、「よーい、スタート」で一斉に動き出した時に、遅い子が前の方にいると危ないからである。子ども達は、我先に走り出すので、このような配慮が大事である。

○本番中の危機対応

「決勝審判」を担当される先生には、次のことを依頼しておくと良い。

どんなに早く勝負が決まりそうでも、「お助けマン」全員が加わるまで審判をしないで待つ。

先述したように、「お助けマン」は前に速い子がいるので、遅い子は後ろからスタートすることになる。すると、遅い子達は綱にたどりつくのに時間がかかる。よって、決勝審判は全員が綱を触るまで、審判を下さないことが、ポイント。

○事後の危機対応

2回戦が終わった時点で「1対1」だった場合、2つの方法が考えられる。「3回戦を行う」のか、「行わない」のかである。

児童数の問題や、時間の関係で3回戦が行えない場合、「引き分け」もあるということを子ども達に前もって伝えておく。当日も、放送でその旨を伝えておくと、引き分けになっても会場が騒然としなくてすむ。もちろん、3回戦が行えるのであれば、それに越したことはない。

〈この競技でつく力・教科との関連〉

○チームの協力

「最初から綱を引く」チームと「お助けマン」がお互いの役割を果たすことで、勝利に結びつく。チームで協力する大切さを学ぶことができる。

⑤団体種目3〜6年生

ドキドキはらはら！『背渡り』競走

馬の上を軽快に、素早く駆け抜けます。背渡りする子、補助をする子、馬をつくる子、クラス全員の力を一つにして勝利を目指す、リレー種目です。

〈ルール〉
①チームを決める。（1チーム15〜20名〈背渡り1名・補助者1名〉×2チーム）
②馬の上を走り、折り返し地点を回って戻る。ゴールラインを越え、背渡り者が降りたら次の組にタッチする。次の組も同じことを繰り返す。
③アンカーの背渡り者はゴールラインを越え、降りて旗を掲げる。旗を先に掲げたチームが勝ち。
④補助者は背渡り者の手をとり、併走する。
⑤背渡り者が馬から落ちたら、落ちた場所から馬（乗りやすいよう四つん這いになる）に乗り再開する。

〈場づくり〉

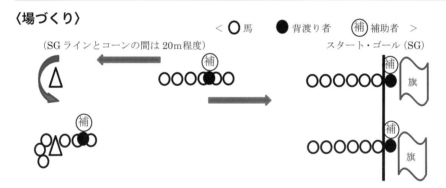

【指導のポイント】
　安全面を配慮することでけがの防止を図り、作戦を考え実行させることで、楽しさやチームの連帯感が生まれる。
①馬の高さは　　ア　高く　　イ　低く　　どちらが良いか。（低い方が良い）
　膝に手を当てる。背中を平らにする。
　（教師が背中をさわり平らにし、個別評定する）
②背渡り者が乗る（背中）位置は、名札の下。（腰の位置）
③補助者は、手の平を空に向け、背渡り者の手をのせる。（握ると危険）
④背渡り者は、つま先から背中に着くようにする。（馬の子が痛くない）
⑤配慮を要する児童がいる場合は、馬の子が手を引き、馬の位置までつれていく。

指導時間 2時間
準備物 コーン 旗 アンカー用ゼッケン

埼玉県川越市立高階小学校
小峰 学

〈事前準備・アクティブ・ラーニング発想〉
① 補助者が走る位置を実際に走らせ、考えさせる。
　背渡り者の　ア 前　イ 横　ウ 後ろ
② 誰が背渡り者、補助者になれば良いか、考えさせる。
　（体重の軽い子、足が速い子、背が高い子等）
③ 折り返し時の馬のつくりかたを考えさせる。
　（担当者を決める、「カーブ！　カーブ！」の声を出す等）
④ リズム良く走るためにはどうしたらよいか考えさせる。
　（チームでお互いに見合う。「はい、はい……」の声かけ）
⑤ 馬はどのようにつくるか、どう移動したらよいか。
　（向く〈頭の位置〉方向、走る方向を全員揃える）

「はい、はい」の声をかけ
リズム良く走る！

〈トラブルマニュアル〉
①練習段階の危機対応
　ア　馬の移動の仕方がわからない。→　馬を担当する子だけで最初はゆっくり練習し、移動の仕方、頭の向き等を覚えさせる。
　イ　背渡り者が怖がる。→　背渡り者、補助者はゆっくり行い、乗る位置や高さを体感する。
　ウ　落ちたときの対処法がわからない。→　落ちた場所から、四つん這いの子の背に乗り再開する。
②本番中の危機対応
　ア　落ちた場所がわからない。→　審判が旗等で明確に指し示す。
　イ　順位を間違える。→　審判（教員）は旗が挙がった瞬間で判断する。
③事後の危機対応
　着順に対する文句を言う。→　審判が着順判定を明確に行う。

〈この競技でつく力・教科との関連〉
①思考力、判断力、実践力を育てる。
　作戦（馬のつくり方、移動方法、落ちたときの対処の仕方等）とその実践が勝敗を左右するので楽しい。
②クラス、チーム全員の協力。
　クラス全員で声をかけ、自分の役割を果たすことでクラスやチームの団結力が生まれる。

⑥団体種目5・6年生

逆転現象で盛り上がる「〇〇小　アジャタ」

　スポーツ玉入れとして行われている「アジャタ」をアレンジしたものです。持ち玉を全部入れたら、カードを引き、出た数の玉を出た数の人数の代表選手でかごに入れます。どちらのチームが勝つか最後まで分かりません。逆転現象ありの「〇〇小　アジャタ」です。(〇〇の中には、学校名を入れます)

〈ルール〉
①各自が玉（アジャタ玉）を片手に1個ずつ2個持ち、円の外側に外を向いて立つ。
②ピストルの合図で内側を向き、かごにアジャタ玉を入れる。
③全部のアジャタ玉をかごに入れたら、円の外に出て座る。
④チームの代表が本部の所にいる審判係の持っているカードから一枚引く。
⑤カードに書かれた数のアンカー玉を持って戻り、カードに書かれた数の代表選手でかごの中にアンカー玉を入れる。
⑥早くアンカー玉を入れたチームの勝ち。

〈場づくり〉

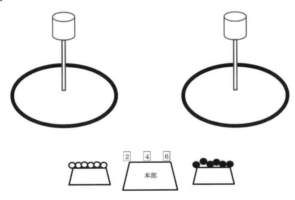

【指導のポイント】
　以下の作戦を考えることで、自分達1人1人が競技を行っているという意識がもて、チームとしての動きや連帯感を増すことができる。
①玉の入れ方
　落ちている玉を拾い集める人と玉を投げる人を決めたり、玉の投げ方を考えさせたりする。
②代表選手の選び方
　カードを引く人、出た数の代表選手の選び方などを考えさせる。

指導時間　2時間
準備物　玉入れ用の紅白玉　かご　数字カード　花

群馬県太田市立綿打小学校
小林　宏

〈事前準備・アクティブ・ラーニング発想〉
○かごの高さを考えさせる。
　背の高い人でも届かないかごの高さ。学校にあるかごは、低学年の子ども向けに作られているために高学年の子どもでは簡単に玉を入れられてしまう場合がある。児童用机を置き、かごの位置をどのくらいの高さにするといいか試し、話し合い、全チームが同じ高さの位置にかごがくるようにする。
○かごの周りの花（チームごとに色を変えた花）のつけ方を考えさせる。
　玉を入れやすくするには、どこにつけたらいいか試し、話し合い、全チームが同じつけ方になるようにする。
○数字カードを子どもが作成する。
　観客からも見えるように大きな画用紙に2・4・6の数字を書いておく。カードは、チーム数分セットで用意し、アジャタ玉を早く全部入れたチームと遅いチームで不公平にならないようにする。

〈トラブルマニュアル〉
○練習段階の危機対応
　かごに入らない玉が顔に当たる→どのような投げ方（オーバーハンドスロー・アンダーハンドスロー、1個ずつ・まとめてなど）が良いかをいろいろと試させて気付かせるようにする。
○本番中の危機対応
　アジャタ玉が入らないうちに代表が出て行く→各チームに審判係の教員を配置する。全部が入ったら代表にカードを引きに行くように声をかける。
○事後の危機対応
　順位に対する文句→各チームの審判係の教員に、アンカー玉が全部入った時に手を挙げさせるなどのポーズを取るようにお願いをし、本部前で複数の教員で協力して、順位判定を明確に行う。

〈この競技でつく力・教科との関連〉
①逆転現象
　カードに書かれた数のアンカー玉が全部入るまで、勝ち負けが分からないので、チーム内での友達への批判の声等がなくなる。
②チームでの協力
　全部のアジャタ玉を早く入れるためには、玉を拾い集める役の人と投げる役の人を決めたり、投げ方を工夫したりしなければならない。自然と協力する気持ちが出てくる。

①個人種目１・２年生

コース選択が運命の分かれ目『どっちの道？』

　距離は短いが、途中に一本橋を渡らなくてはいけないコース。
　距離は長いが、低いハードルをピョンと飛び越えるだけで済むコース。
　コースの選択が運命の分かれ目。どのコースを選ぶかは当日まで内緒なので短いコースに５人集中し、一本橋で込み合う中、一人で長いコースを走り悠々１位でゴールするなど逆転現象も起きる、わくわくドキドキの競技。

〈ルール〉
①５人または６人（学年の人数によって調整）がスタート地点に横一列で並び、「よーい、ドン」の合図とともに走る。
②途中でＡコース（距離が短い）かＢコース（距離が長い）を自分で選択して走る。Ａコースは途中に一本橋（平均台）を渡らなくてはいけない。Ｂコースは低いハードルを飛び越えるだけで済む。
④ゴールをした順に１位・２位……と着順がつく。

〈場づくり〉

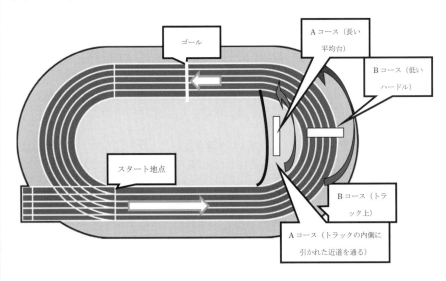

【ポイント】
○Ａコースは平均台や跳び箱など超えるのに少し時間がかかるものを途中に設置する。
　Ｂコースは距離が長い分、途中に設置するのは簡単な低いハードルなどにする。
○ＡコースとＢコースでかかる時間が同じぐらいに調整する。

指導時間 2時間
準備物 平均台　ハードル　跳び箱など

大阪府和泉市立国府小学校
寺田真紀子

〈事前準備・アクティブ・ラーニング発想〉

○途中に設置するものは子ども達に意見を出させる。麻袋（中に入ってジャンプして進む）やフラフープ（5回跳んだらすすむ）なども面白い。
○練習の時に実際にAコースとBコースの両方を走ってみて自分でどちらにするか選ぶ。

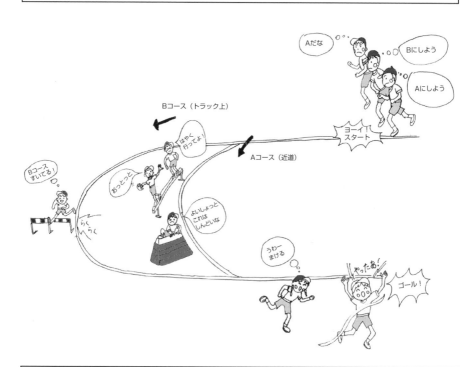

〈この競技の魅力〉

①どのコースを選ぶかは当日まで内緒なのでAコースに人気が出るとBコースを選んだ子が楽々ゴールできるなど最後まで分からない所が面白い。
②逆転現象を起こすことができる。
　走りが苦手な子も、コース選択によって逆転現象を起こし1位を取れることがある。
　近道を選んだのにいつの間にか距離が長いBコースに負ける子もいて最後まで勝敗がわからない。

②個人種目3・4年生

逆転現象が起こる『校長先生とピッタリでGO!!』

　校長先生が選んだ団旗の色と同じ色の玉を選べば、そのまま走ることができます。もし、色が違ったら同じ色の玉を取りに戻ります。簡単な競技で、準備や後片付けが簡単ですぐに取り組むことができます。その日の運が大きく競技に関わってきますので、運動が苦手な子も一生懸命に取り組みます。子ども達の工夫で、玉入れの玉を手旗に変えたりすることもできます。

〈ルール〉

①スタート地点に横一列で並び、「よーい、ドン」の合図とともに、置いてある玉入れの玉を取り、校長先生の前まで走る。

②合図とともに、校長先生がランダムに団旗を挙げる。

③校長先生の団旗と同じ色の玉入れの玉を持っている子はそのまま走る。色が違った場合は、元に戻り、同じ色の玉入れの玉を取り、ゴールに向かって走る。玉入れの玉を途中の買い物カゴに入れる。

④ゴールをした順に1位・2位……と着順がつく。

〈場づくり〉

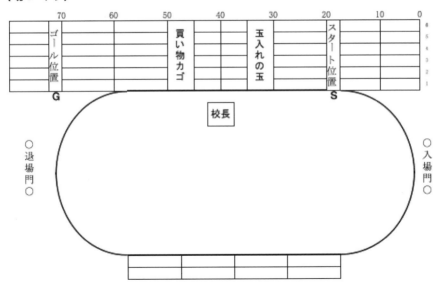

【ポイント】

○直線コースにすることで、子ども同士がぶつかることがない。

○風が強いとカゴが飛ぶこともあるので、おもりを入れておくと良い。

指導時間 2時間
準備物 玉入れの玉　応援団の団旗　買い物カゴ

千葉県袖ケ浦市立蔵波小学校
小路健太郎

〈事前準備・アクティブ・ラーニング発想〉
○どうしたら、早くゴールできるか考える。

　玉入れの玉を取り、校長先生の前に行かずに玉入れの玉が置いてある場所の近くにいた子がいた。同じ色にならないことも考えていたのである。その子の動きを取り上げて、校長先生が団旗を挙げるのを待つのをどこにするかという作戦を考えるように促した。

校長先生と一緒の色だったから，ラッキー！

〈トラブルマニュアル〉
○玉入れの玉がなくならないようにする

　自分が走るコースに同じ色の玉しかないと選べない。コースの中に、すべての色の玉が入るように用具係にお願いする。

○校長先生が子ども達を見ないようにする

　校長先生がランダムに選んでいるとはいえ、校長先生が子どもの持っている玉の色を見て、挙げる団旗を選んでいるととられることもある。そこで、校長先生は、子ども達の方に背を向けて立ち、子どもが選んだ玉の色が見えないようにする。補助の教員が、全員の子が玉入れの玉を取り、校長先生の方を見ているのを確認し、太鼓などで合図を出すようにする。

○事後の危機対応

　着順に対する文句→審判係の教員と児童に協力してもらい、着順判定を明確に行う。

〈この競技でつく力・教科との関連〉
①運動が苦手な子も頑張ることができる。

　徒競走では、子ども達には走力差がわかっているので、運動が苦手な子は頑張ろうとしない。しかし、この競技では運が良ければ1位になるかもしれないという気持ちになる。運動が苦手な子も頑張ろうという気持ちで、運動に取り組むことができる。

②反射神経、スタートダッシュの力。

　校長先生の挙げる団旗の色を見て走る方向が決まる、反射神経、スタートダッシュの力が問われる。

やった！
初めて1位になれた！

③個人種目5・6年生

参観者を巻き込む『借り人競走』

借り人カードに書かれたお題に合った人と手をつないでゴールまで走ります。
準備や後片付けが簡単。参観者全体を巻き込むので盛り上がること間違いなし。
どんなお題がでるのかハラハラドキドキ。誰が勝つのか、最後まで分かりません。
逆転現象が起こる借り人競走です。

〈ルール〉
① 4〜5人がスタート地点に横一列で並び、「よーい、ドン」の合図とともに、借りる人の書かれた用紙まで走る。
② 用紙をめくり、書かれたものをマイクのところに行ってアナウンスする。
③ 観客は、「我こそは当てはまる」という場合にアナウンスコーナーまで走って出ていき、子どもと一緒に手をつないでゴールする。
④ ゴールをした順に1位・2位……と着順がつく。

〈場づくり〉

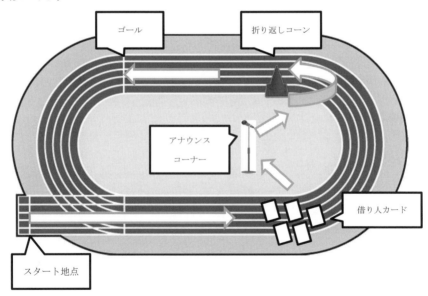

【ポイント】
○子どものアナウンスは、ゆっくりハッキリ言うように指導する。焦ると何を言っているか分からなくなる。
○借りるものは「人」がよい。「モノ」だと壊したり返すのが大変だったりする。

指導時間　2時間
準備物　マイク　マイクスタンド　借り人カード　コーン

東京都目黒区立中根小学校
佐藤泰之

Ⅱ 運動会種目編
2 逆転現象のあるレシピ

〈事前準備・アクティブ・ラーニング発想〉
○借り人カードの内容を考える。
　内容は、子ども達が意見を出して考え、決定。
　（例）辛い物が好きなお母さん
　　　　大阪出身のお父さん　等
○カードを子どもが作成する。
　枚数は、総人数÷4枚程度。
　レース毎にレース人数＋1〜2枚程度を置く。

　毎日体操しているおじいさん
　木登りができるお母さん
　子供が3人いるお父さん

〈トラブルマニュアル〉
○練習段階の危機対応
　カードの内容が分からない→アナウンスした時に、分かりにくい内容はないか確認する。
○本番中の危機対応
　何を言っているか分からない→アナウンスコーナーに大人を配置する。会場に伝わらなかった時に「もう一回」「ゆっくり」などとアドバイスする。
　誰も出てこない→「書かれた内容に少しでも当てはまる方は積極的にご協力ください。」と競技説明の段階で言っておく。
○事後の危機対応
　着順に文句→審判係の教員と児童に協力してもらい、着順判定を明確に行う。

〈この競技でつく力・教科との関連〉
①人前で自信をもって話すことができる。
　アナウンスは必ず全員が1人1回行う。運動会の本番中、会場に向かってアナウンスをし、誰かが出て来てくれる体験は、子どもにとって大きな自信となる。**国語の言語力を高める。**
②逆転現象を起こすことができる。
　借り人カードに書かれた内容によって順位が変動する。つまり、運が関係してくる。個人競技で活躍できない子も勝つ可能性がある。**最後まであきらめない道徳の実践力がつく。**

④個人種目5・6年生

『運命の人は誰だ!』

　トラックを走り、置いてある裏返しにされたカードを1枚めくります。
　反対側から走ってくる同じカードの相手を探します。指定された動作をペアで行い、ゴールまで走ります。どのカードをひくのか。運命の人は誰なのか。その相手と何をするのかで、勝敗は変わります。

〈ルール〉
① 8人がスタート地点に並び、「よーい、ドン」の合図とともに、矢印のように走ります。
② 用紙をめくり、同じカードの相手を探します。カードには、子ども達が考えたペアでの動作が書いてあります。
③ 同じカードの子と指定された動作をして、ゴールを目指します。
④ ゴールをした順に1位・2位……と着順がつきます。

〈場づくり〉

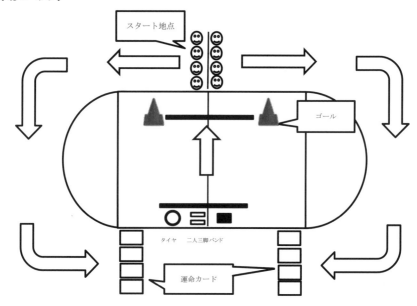

【ポイント】
○めくったカードを観客にも見えるように挙げさせる。
○カードを2組用意しておくとカードの準備が早くできる。
○走る人数に応じてカードを8枚、10枚と変える。

指導時間　2時間
準備物　運命カード　二人三脚バンド　タイヤなど

和歌山県橋本市立城山小学校
大谷智士

〈事前準備・アクティブ・ラーニング発想〉

○運命カードの内容を子どもが考える。
　体育で行った体ほぐしの内容などを参考に全員ができる動作にする。
○カードを子どもが作成する。
　観客にも見えるような大きさにする。

| ペアで腕を組んでスキップをする | ペアでおんぶをして走る | ペアでタイヤをひいて |

〈トラブルマニュアル〉

○練習段階の危機対応
　カードの動作ができない→体育の授業で行ってきた動作を考えさせる。
　けがの防止→どのような動作なのか、全員に正しい動作を確認しておく。
　順位にこだわる→同じカードをひいた子のせいにしないように事前に声掛けをする。使った道具はどこへ置くのか、どこからのものか明確にしておく。着順の仕方を確認する。（1人なのか、2人なのか）
○事後の危機対応
　着順に対する文句→審判係の教員と児童に協力してもらい、着順判定を明確に行う。

〈この競技でつく力・教科との関連〉

①逆転現象が起こる。（体育）
　運命カードによって、相手も動作も変わる。そのため、運によって順位が変わる。つまり、だれでも一番になれる可能性がある。運動が苦手な子でも勝つことができる。運動をしようする意欲にもつながる。

②仲間づくり（道徳）
　ペアで動作をしないとゴールすることができない。相手がだれであっても、協力することが必要になる。このような経験を積むことで、だれとでも協力しようとする態度の育成にもつながる。友達と楽しく運動できたという成功体験が仲間づくりにもつながる。

参考文献　『楽しい体育の授業』明治図書。2011.9,P14 岩田論文

⑤団体種目1・2年生

運が問われる『台風の目』

　3人で長い棒を持ってゴールまで走ります。準備や後片付けが簡単。
参観者全体を巻き込んだ種目となり盛り上がること間違いなし。
どんなサイコロの目が出るのかハラハラドキドキ。
誰が勝つのか、最後まで分かりません。逆転現象が起こる「台風の目」です。

〈ルール〉
①3人一組で長い棒を持って走る。
②3人の頭の上にサイコロを持ち上げてサイコロをふる。
　(サイコロは、青・黄・赤の三色が2面ずつになっている。)
③出た目の色のカラーコーンを回って戻ってくる。
④コーンを回るのは、右回りでも、左回りでもよい。
⑤スタートラインについたら、次の子どもとタッチして交代する。
⑥アンカーがゴールをした順に1位・2位……と着順がつく。

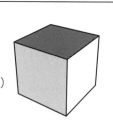

〈場づくり〉

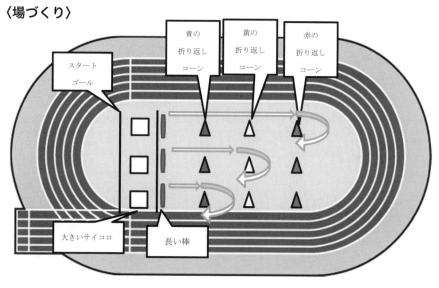

【ポイント】
○サイコロの目と同じコーンを回っているのかを確認しておく必要がある。(順位に関わるので注意)
○3人の頭の上までサイコロを持ち上げているのか確認をしておく必要がある (順位に関わるので注意)

指導時間　2時間
準備物　長い棒　大きいサイコロ　カラーコーン

大阪府池田市立秦野小学校
原田朋哉

〈事前準備・アクティブ・ラーニング発想〉
○3人組の構成を考える。
　3人組のメンバー構成をどのようにするかを子ども達が考える。
○事前の作戦を考える。
　3人組の中で、誰が内側に入るのか。また、右回りにするのか、左回りにするのかを考えさせる。
○サイコロの振り方を考える。
　持ち上げ方、持ち上げるタイミング。頭の上まで持ち上げているのかの確認。

〈トラブルマニュアル〉
○練習段階の危機対応
・大きいサイコロが3人の頭の上まで持ち上げられているか。サイコロの振り方に差がでると、順位に関わってくるので事前に確認しておく。
・コーンの折り返し方（半周）を確認しておく。
○本番中の危機対応
　サイコロの出た目と同じ色のコーンを回っているのかを各列で確認できるように、教師を配置しておく必要がある。
○事後の危機対応
　着順に対する文句→審判係の教員と児童に協力してもらい、着順判定を明確に行う。

〈この競技でつく力・教科との関連〉
①**協調性が養われる。**
　3人で協力して動くことが問われるので、内側の動きや外側の動きなどを意識して動かざるを得ない。**自然と相手に合わせる動きが身につく。**
②**逆転現象を起こすことができる。**
　サイコロの出た目によって、順位が変動する。つまり、運が関係してくる。いつもは足が遅くて個人競技で活躍できない子もこの競技であれば勝つ可能性がある。**最後まであきらめない道徳の実践力がつく。**

内側は、止まってね。
外側が速く回るよ。

やった！
サイコロで追いついた。

⑥団体種目 3・4年生

ハラハラどきどき！『一発逆転!!』

カードに出た色のコーンを回り、チームの足元と頭上にフラフープを通します。
どちらが勝つか、最後まで目が離せない。会場大盛り上がりの『一発逆転!!』です。

〈ルール〉

　4人で組をつくる。4つ連結したフラフープに入ってスタート。
①組の1人が机上から、カードを1枚引く。
②出た色のコーンを回って戻ってくる。
③戻って来たら、フラフープを並んで待っているチームの足下を通して後ろまで行き、頭上を通してスタートラインにフラフープを置く。（確実に置かせることで、事故の防止につながる。）
④次の組がスタートする。
⑤先にゴールしたチームの勝ち。

〈場づくり〉

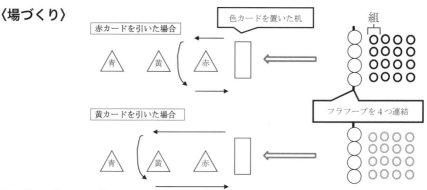

【指導のポイント】

　以下の作戦を考えることで、自分達で競技を行っている意識がもて、チームの動きや連帯感が増す。

①**走る順番**

　内側と外側の作戦を考えさせる。

②**フラフープの通し方**

　足元と頭上を通す際の作戦を考えさせる。

【フラフープを用いるメリット】

　フラフープの輪に入って走ることで、4人が団結（協力）して走る必要が出てくる。棒を用いた活動に比べ、走力の低い児童が、置いていかれるという状況が少なくなる。

指導時間　2時間
準備物　4つ連結したフラフープ　カラーコーン
　　　　色カード　アンカー用ゼッケン

三重県玉城町立田丸小学校
福井　慎

〈事前準備・アクティブ・ラーニング発想〉

○フラフープの大きさを考えさせる。

　横4人が入り、どの大きさのフラフープが走りやすいかを実際に走って試してみる。試して、話し合いのあと、全チームが同じ大きさのフラフープに決定する。

○カードを子どもが作成する。（検討する。）

　カードを"色"にするか、"数字"にするかについて、討議する。観客もパッと見て分かるものにする。カードの枚数を話し合わせる。（逆転現象が起きるように、遠いコーンの色カードを増やす。）

仲間と，走るスピードを揃えないと，うまく走ることができません！！（親子競技としても活用できます！）

〈トラブルマニュアル〉

○練習段階の危機対応

　フラフープに足や頭が当たる→ゆっくりとした動きから練習をさせる。その中で声を掛け合った方がスムーズにいくことに気付かせる。

　コーンの回り方が分からない→カードで出た色のコーンを折り返し、戻ってくることを、全体で確認する。

　フラフープパス→フラフープパス（フラフープの受け渡し）は、地面に置いて行うことを、全体で確認する。

○本番中の危機対応

　回る場所を間違える→各組に審判係の教員を配置する。審判係が出された色を把握し、回る場所を間違えそうになったら教える。

○事後の危機対応

　着順に対する文句→審判係の教員と児童に協力してもらい、着順判定を明確に行う。

〈この競技でつく力・教科との関連〉

①逆転現象

　最後まで勝ち負けが分からないので、最後まで応援が続く。

②チームでの団結力

　声を掛け合いながら、走ったり、フラフープを通したりするため、仲間を意識するようになる。このことから、**仲間と団結（協力）する道徳力が身につく。**

最後まで，大興奮が続きます！

⑦団体種目5〜6年生

仲間との一体化UP！『まほうのじゅうたん』

　1枚のブルーシートからもう1枚のブルーシートに跳び移りながら、ゴールを目指します。

　どちらが勝つか、最後まで目が離せない、逆転現象も起こりうる楽しい団体競技です。

〈ルール〉

①ブルーシートを持つ子が4人。それ以外はブルーシートに乗る子。
②持つ子は、ブルーシートに乗る子の頭上を通しながら、移動する。
③乗る子は、ブルーシートが完全に地面に置かれてから、跳び移る。
④持つ子は、ブルーシートを置いたら、もう1枚のブルーシートに移動する。
⑤②〜④をゴールまで繰り返す。
⑥乗る子が跳び移るときに、ブルーシートから足がはみ出たら、もう一度やり直す。
⑦最後の子がゴールを通過したら、ゴールとなる。

〈場づくり〉

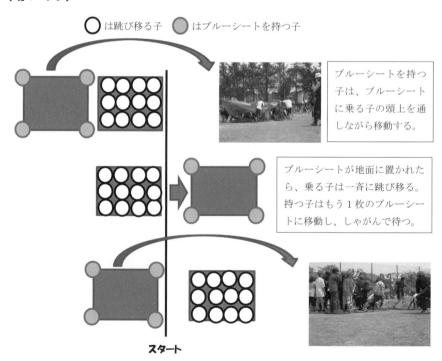

指導時間　3時間　　　　　　　　　　　　　　　　　　北海道旭川市立忠和小学校
準備物　ブルーシート（学級またはチーム×2枚）　　　　　　　角家　元

【ポイント】

以下の作戦を考えさせることで、どうやったら勝つことができるのかを自分達で考えるようになり、学級の一体感が増す。

①持つ子の移動の仕方

ブルーシートを持ち上げるタイミングや高さ、移動時の走り方などの作戦を考えさせる。

②乗る子の移動の仕方

シートの外に足が出ないように、素速く全員が跳び移るための作戦を考えさせる。

〈事前準備・アクティブ・ラーニング発想〉

○スムーズに動くための課題を発見し、話し合いながら、練習を進める。

例：乗る子の並び方、跳び方（縦何人・横何人、またぐ・ジャンプする）
　　持つ子の場所、持ち方（場所を固定する・しない、両手で持つ・片手で持つ）
　　ブルーシートを上げる位置（高くする・低くする・中間にする）

〈トラブルマニュアル〉

○練習段階の危機対応

- ブルーシートをうまく運べない→持つ子の場所を固定する。片手で持つ、両手で持つなど、持ち方を工夫する。かけ声を出す。
- ブルーシートにうまく跳び移れない→歩かないで、ジャンプする。ジャンプしたら、できるだけ前に詰めて、しゃがんで待つ。

○本番中の危機対応

- 足がシートの外に出た子の判定が難しい→学級ごとに審判係を配置し、シートの外に出た子はその場ですぐやり直しをさせる。

○事後の危機対応

- 着順に対するクレーム→ゴール地点に審判係を配置し、着順判定を明確に行う。

〈この競技でつく力・教科との関連〉

①逆転現象

最後まで勝負がわからない。遅い学級があっても、批判の声などが起こりづらい。

②仲間との一体感や達成感

持つ子は一斉にブルーシートを持たないと、スムーズに移動することができない。自然に声を合わせて練習するようになる。乗る子もお互いに注意し合って移動するようになる。この競技を通して、仲間との一体感や達成感を味わうことができる。

①個人種目1・2年生

II 最後に勝つのは誰？『ミッションランニング』

運動会種目編 3 準備のいらない簡単レシピ

50m走のコースを30mまでは、通常通り走り、最後の20mをミッションカードに書かれた走り方で走ります。カードには、「うしろむき走り」「けんけん」「りょうあしとび」「よこ走り」などの指示文が書かれています。足が速い子だけが、勝つのではなく、最後まで、1位が分からない逆転現象のある個人種目です。

〈ルール〉
①6人がスタート地点に横一列で並び、「よーい、ドン」の合図とともに、30mは普通に走る。
②封筒の中に入れられた、ミッションカードを取り、ミッション（指示文）を見る。
③指示文（うしろむき走り　けんけん　りょうあしとび　よこ走り）などの通りに、残り20mを進む。
④ゴール地点に、より早くついたチームから、得点を入れる。

〈場づくり〉

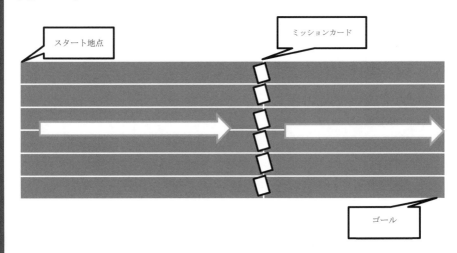

【ポイント】
○封筒は、風で飛ばされないように、地面に杭などで、固定しておく。
○ミッションカードを色分けし、ゴール地点で、係の先生が回収する。
　ミッションと違う内容で進むことを防ぐことができる。

指導時間　2〜3時間　　　　　　　　　　　　　　　大阪府摂津市立三宅柳田小学校
準備物　封筒　ミッションカード　　　　　　　　　　　　　　　　　本吉伸行

〈事前準備・アクティブ・ラーニング発想〉
〇ミッションカードの内容を考える。
　内容は、子ども達が意見を出して考えるようにする。その際、差がでないように、検証させる。
　実際にやらせて、検証する。
　同じくらいのタイムの子が走るなど検証の仕方を考えさせる。
〇カードを子どもが作成する。
　枚数は、総人数÷4枚程度。
　レース毎にレース人数＋1〜2枚程度を置く。

｜よこ走り｜けんけん｜うしろむき走り｜

〈トラブルマニュアル〉
〇練習段階の危機対応
　カードで、時間がかかるものや不可能なものが出る（前回りなど）。最初から最終決定は、先生がすることを子どもに伝えておく。
〇練習段階の危機対応
　できない種目がある。カードにあるものを、一通り練習段階でやっておく。
〇本番中の危機対応
　ころぶ・けがをする→他の種目と同様、すぐに対応する。
〇事後の危機対応
　着順に対する文句→審判係の教員と児童に協力してもらい、着順判定を明確に行う。

〈この競技でつく力・教科との関連〉
①検証する中で、科学的な思考力・表現力が養われる。
　ミッションカードの内容を考え、検証することにより、科学的な思考力が養われる。また、カードとして妥当かどうかの話し合いにより、表現力が養われる。
②逆転現象を起こすことができる。
　ミッションカードに書かれた内容によって順位が変動する。つまり、運が関係してくる。いつもは足が遅くて個人競技で活躍できない子もこの競技であれば勝つ可能性がある。**最後まであきらめない道徳の実践力がつく。**

けんけんは、大変だ〜。

うしろむき走りは得意だよ。

②個人種目3・4年生

男女仲良く『ミッションクリア競走』

　男女ペアで行う障害物競走です。カードに書かれたお題（ミッション）にペアの相手と挑戦します。お題は子ども達に考えさせることもできます。男女の仲が良くなる運動会種目です。

〈ルール〉
①4～5人がスタート地点に横一列で並ぶ。この時、帽子に色テープを貼っておく。（同じ色の子同士でペアになるため。）
②「よーい、ドン」の合図とともに、ペアをつくるエリアまで走る。
③同じ色の子同士でペアをつくる。
④ペアの相手と一緒にカードをめくり、書かれているミッションに挑戦する。
⑤ミッションをクリアしたら、手をつなぎ、ゴールに向かってスキップする。
⑥ゴールをした順にポーズをとる。着順がつく。

〈場づくり〉

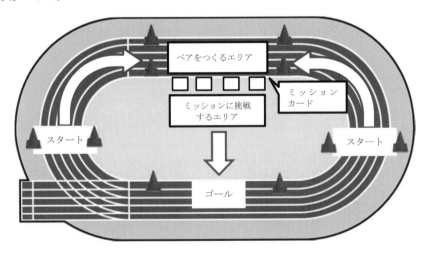

【ポイント】
○ミッションに挑戦するエリアに教員が1人はつくようにする。なかなかクリアできないペアには、声をかけてゴールに向かわせる。
○ゴールした際に、2人そろってポーズを決めさせる。3秒間動きを止めさせる。

宮城県仙台市立鶴谷東小学校
伊藤翔太

準備物　ミッションカード　色テープ　コーン

〈事前準備・アクティブ・ラーニング発想〉
○カードの内容を考える。
　内容は子ども達が意見を出して考え、決定する。子ども達には事前にどのようなミッションがあるか伝えておく。緊張感もありながら、安心して行うことができる。
（例）前跳び10回ずつ
　　　ぐるぐるバット5回ずつ　等

| 8の字カラーコーン3周 | ハードル跳び越し5回 | うしろ跳び10回 |

〈トラブルマニュアル〉
○練習段階の危機対応
　カードの内容が分からない→ミッションに挑戦するエリアに教師が1人はつくようにする。
　あるいは、事前にどのような内容があるのか、子ども達に知らせておく。
○本番中の危機対応
- ペアがうまくつくれない→帽子などに色テープを貼らせておくが、走るのに夢中になって自分の色を忘れてしまう子どもが出てくるかもしれない。高学年の係児童に見ていてもらい、場合によっては、手伝ってもらう。
- ペアをつくるエリアで走ってしまう→「走っていいのはカラーコーンまで。」と競技説明の段階で言っておく。

○事後の危機対応
　着順に対する文句→ゴールに審判係がつくようにする。

〈この競技でつく力・教科との関連〉
①コミュニケーション力・対応力を高める。
　お題は何が出てくるか、カードを引いてのお楽しみ。1人だと対応が難しい課題でも、友達と一緒なら乗り越えやすい。男女でペアをつくれば、子ども同士の新たな関わりが期待できる。
②逆転現象を起こすことができる。
　この競技は、徒競走や障害物競走などよりも、子ども達の関わりやドキドキ感が生じやすい。そのため、子ども達にとって作文などにしやすい。子どもにとって印象に残ったことや、友達と関わったことは文章化しやすい。国語の授業との関連を図ることができる。

> 5年生で行ったときの写真を添付
>
> とにかく自分のペアを早く探そう！

> 5年生で行ったときの写真を添付
>
> 自分たちで考えたお題だから楽しい！

③個人種目 5・6年生

すべての人の注目の的になる『THE KARIBITO』

　カードに書かれた名前の人とお題に合った行動をしながらゴールまで走ります。
　準備にひと手間加えるだけで、すべての人の注目を集める競技となります。
　誰が呼ばれるのか、どんな行動をすればいいのか。中には「あたり」カードもあり、どの子にも1位でゴールできるチャンスもあります。

〈ルール〉
① 4～5人がスタート地点に横一列で並び、スタートとともに前回りをします。その後、跳び箱、平均台とクリアーしてカードを引きます。
② カードに赤い文字で書かれた人をマイクで呼びます。子どもが迎えに行ってもよいです。
③ 出会った後は、黒い文字で書かれた行動をしながらゴールに向かいます。
④ ゴールをした順に1位・2位……と順位がつきます。

〈場づくり〉

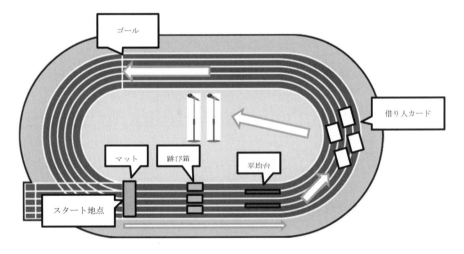

【ポイント】
○ マイクに子ども達が一斉に来ないように、事前にマット、跳び箱、平均台を入れて、多少の差ができるようにする。
○ 子ども達の走順を把握しておき、PTA会長の子のレースにはPTA会長のカードを入れるようなひと手間を加えると盛り上がる。

指導時間　2時間
準備物　マイク　マイクスタンド　カード　用具

山口県下関市立一の宮小学校
大貝浩蔵

〈事前準備・アクティブ・ラーニング発想〉
○実行委員を決め、内容を考える。
　応援団、リレーの選手とは別に、個人走実行委員を募り、代表の子にカードの内容を考えさせる。そして、【誰】と【どんなこと】をすると運動会が盛り上がるかを考えていく。
　（例）校長先生とハイタッチしながらゴールへ
　　　　応援団全員に応援されながらゴールへ
○子どもの人数分カードを作成する。
　運動会にふさわしい内容かどうかを再度チェックする。

〈トラブルマニュアル〉
○練習段階の危機対応
　学校の先生方には、個別にお願いをしておく。また、他学年の児童に協力を頼む場合は、その学年の担任に確認しておく。保護者へは、「学年だより」や「学級通信」で協力を依頼しておく。
○本番中の危機対応
　何を言っているか分からない→マイクのところに教師も待機し、言い直させたり、同じことをマイクで呼びかけたりする。
　借り人が誰も出てこない→教師も「どうかご協力をお願いします。」とマイクでお願いをする。
○事後の危機対応
　協力してくださった方にお礼を言う指導をするとともに、教員もゴールでお礼を言う。

〈この競技でつく力・教科との関連〉
①表現力を高める。
　マイクでアナウンスしたり、人と様々な表現をしたりすることで、運動会という舞台で演じることになる。緊張感の中、やり遂げた自信にもつながる。これらを通して、すべての教科につながる**表現力を高める。**
②問題解決能力が育つ。
　赤い文字の人をマイクでも呼びかけるだけでなく、迎えに行ってもよい。もしくは、そばにいる教員に助けを借りてもよい。問題解決の方策を自分で選び、実践する貴重な機会である。

実際に使用したカード

④団体種目 1・2年生

準備は段ボールだけ！豊富な運動量！「キャタピラリレー」

　四つん這いになって、頭や手で段ボールの壁を押しながら進むキャタピラリレー。競技をする子は前が見えにくいので、思わぬ方向に進んだり、運動が苦手な子が速かったりと、見ている人も、やっている人も、大盛り上がりの種目。おもしろそうなその動きからは想像もつかないほど体力を使い、子ども達は一度のレースで汗びっしょりになること間違いなし。

〈ルール・やり方〉
① フィールド内で行う。
② 各チームがスタート側と折り返し側にそれぞれ半分ずつに分かれて並んでおく。
③ 競技者はキャタピラの中に入る。(写真①)
④ スタートの合図とともに、向かい側の地点で待つ同じチームを目指す。
⑤ キャタピラの中で、手や頭などを使ってキャタピラを回しながら進んでいく。(写真②)(写真③)
⑥ キャタピラ全体がゴールラインに入ったら、次の競技者はスタートする。
⑦ リレー形式でキャタピラを進め、アンカーのキャタピラのゴールで、順位を決定する。
⑧ ゴールはキャタピラ全体がゴールラインを超えてからとする。

写真①

写真②

写真③

〈場づくり〉

〈事前準備〉
① キャタピラは壊れた場合のため、予備を必ず用意しておく。
② 児童の実態に応じて、キャタピラづくりを子どもにさせることも可能である。

【指導のポイント】
　ルール・やり方を子ども達に伝えたならば、とにかく競技をやってみることである。その際、教師が教え過ぎないことが指導のポイントとなる。そうすることで、子ども達は「どうすればキャタピラが速く進むのか、真っ直ぐに進むのか」など、自分達で工夫を考えだし、作戦を実行していくようになる。問題を見つけ、追求し、仲間と話し合い、様々な意見を認め、結果をまとめていく活動こそがアクティブ・ラーニングだと言える。

指導時間　1時間
準備物　段ボールのキャタピラ（チーム数分＋予備）

山梨大学教育人間科学部附属小学校
加藤三紘

〈アクティブ・ラーニング発想〉
　実際にキャタピラリレーをやってみた後、「どうすれば早くゴールすることができるか」を考える。（担任する3年生に体育の授業として行った。以下、その際の児童からの意見である。）
①問題を発見する。
　キャタピラが真っ直ぐに進まないから、早くゴールすることができない。
②問題を追求する。
　キャタピラの中の人は前が見えないからだ。段ボールの押し方が悪いのではないか。
③討論・論争する。
　キャタピラが目指す地点にいる同じチームの人は、声かけや拍手をしてどちらに進めばいいか、音で知らせればいい。手で押す位置を変えればいい。できるだけ手は段ボールの端を押すようにすれば、安定するのではないか。（右写真→）

④異なった意見を認める。
　1人で押すから安定しない。中に2人入って押せば安定するのではないか。ルールを変更すればいい。（本校運動会で、幼稚園年長と1年生ペアが同種目を行っているのを見ているため）
⑤結果をまとめる。
　（声や拍手の音で知らせる）→ゴールがわかりやすい。
　（手で押す位置を工夫）→安定して進む。
　（2人で行う）→安定して進む。2人で力を合わせるから早くなる。

〈トラブルマニュアル〉
①練習段階・本番中の危機対応
ⅰ けがをしないように→手首を使うため、手首のストレッチを忘れないようにしておく。
ⅱ 仲間同士のいさかいが起こらないように→教師が肯定的な声かけ、励ましをするようにする。仲間の良さを見つけている子を褒め、全体に広めていく。
②事後の危機対応
　着順に対する文句が出ないように→審判係の判定に絶対に従うように、事前に指導しておく。タブレットPCにある映像機能を使って撮影しておく。

〈この競技でつく力・教科との関連〉
①腕支持感覚、バランス感覚、協応動作の基礎づくり
　小学校低学年時のマット遊びに必要な基礎感覚を養うことができる。左右の手足を動かす協応動作は特に重要となる。
②励まし合い、認め合い、教え合い、助け合いの力
　学習指導要領（体育）に示されている「だれとでも仲よくし」に関連する。

⑤団体種目3～4年生

大逆転！『台風の目』

カードに出た数字のコーンを折り返してチームの足元と頭上に棒を通します。
どちらが勝つか、最後まで目が離せない。会場大盛り上がりの大逆転！『台風の目』です。

〈ルール〉

4人1組になる。4人で棒を持つ。
①組の1人が審判係の持っているカードから1枚引く。
②書かれた番号のコーンを回って戻ってくる。行きにある途中のコーンは全て1周する。帰りは一直線に戻る。
③戻って来たら、棒を並んで待っているチームの足元を通して後ろまで行き、頭上を通してスタートラインに棒を置く。
④次の組がスタートする。
⑤先にゴールしたチームの勝ち。

〈場づくり〉

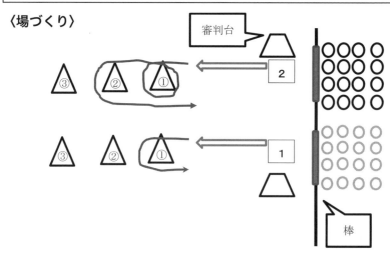

【指導のポイント】

以下の作戦を考えることで、自分達で競技を行っている意識がもて、チームの動きや連帯感が増す。
①**回り方**　内側と外側の作戦を考えさせる。
②**棒の通し方**　足元と頭上を通す際の作戦を考えさせる。

外側の人が走りの速い子、内側は力の強い子だとバランスがいい

指導時間　2時間
準備物　棒　コーン　数字カード　アンカー用ゼッケン

東京都公立校
中澤　靖

〈事前準備・アクティブ・ラーニング発想〉

○棒の長さ、太さを考えさせる。
　横に4人が入る長さの棒。どの棒がやりやすいかを実際に走って試してみる。試して、話し合いのあと、全チームが同じ長さ、同じ太さの棒を決定する。

○数字カードを子どもが作成する。
　観客から見えるような大きな画用紙に1～3の数字を書いておく。カードは、レース数分用意する。数字の合計は同じにしておく。合計数が違うと不公平になる。文字の大きさ、太さを話し合わせる。

〈トラブルマニュアル〉

○練習段階の危機対応
　棒に足や頭が当たる→競争ではなく、ゆっくりとした動きで練習をさせる。その中で、声を掛け合った方がスムーズにいくことに気付かせる。
　コーンの回り方が分からない→出された数字を折り返し、その手前のコーンは全て1周することを全体で確認する。1～3まで全てのパターン練習を事前に行う。

○本番中の危機対応
　回る場所を間違える→各チームに審判係の教員を配置する。審判係が出された数字を把握し、回る場所を間違えそうになったら教える。

○事後の危機対応
　着順に対する文句→審判係の教員と児童に協力してもらい、着順判定を明確に行う。

〈この競技でつく力・教科との関連〉

①逆転現象
　最後まで勝ち負けが分からないので、遅いチームへの批判の声等がなくなる。

②チームでの協力
　声を掛け合わないと棒をスムーズに回すことや通すことができない。自然と友達と声を掛け合い、**友達と協力する道徳力が身につく。**

声を揃えてジャンプ。
前に詰めると早いね。

⑥団体種目 5・6年生

エコの意識も高まる！『宅配便リレー』

カードに品物が書いてあり、その品物の数だけ箱を持ってゴールまで走ります。
段ボール箱は廃品回収や、教材の箱をとっておけばいいので準備が簡単です。
お題によって持つ箱の数が違ってきます。一番速い子が持つ箱が多く、遅い子が1個だけになる可能性もあります。

〈ルール〉
① 4〜5人がスタート地点に横一列に並び、「よーい、ドン」の合図とともに、お題が書かれたカードまで走る。
② フィールドにおかれている箱を取り、お題にかかれた箱の数だけ持ってゴールまで走る。
③ 箱を地面に落としたら、落とした場所からまたスタートする。
④ 箱を地面につけなければ、どんな持ち方をしてもかまわない。

〈場づくり〉

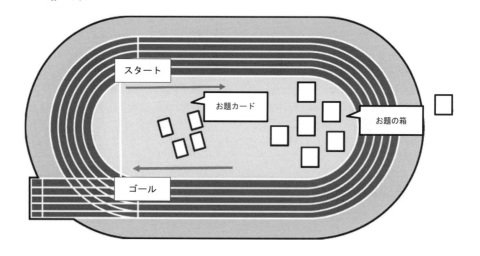

指導時間　1時間
準備物　段ボール箱20個　カード5枚

埼玉県所沢市立椿峰小学校
細田公康

【ポイント】
○右の図のように、箱にいろいろな品物の絵があると、子どもが箱を探しやすくなる。
○箱は均一な大きさではなく、形や大きさを変えると持ちにくく、難易度があがる。
○アナウンスで「○組は品物が見つかりません。」「あ〜。落としてしまいました。」など実況をいれると、より盛り上がる。

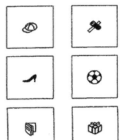

〈事前準備・アクティブ・ラーニング発想〉
○競技に使う段ボール箱は、教材が多く届く学期初めなどにとっておく。
○カードは子どもが作成する。
○箱の絵は子どもと相談して決め、絵を描いてもらう。
　（例）「B級グルメが流行ってるからその品物にしよう。」
　　「かわいい洋服を通販でよく買うよ。」等

〈トラブルマニュアル〉
○持っている箱が顔に落ちる
　→低身長の子の場合、箱の数によって自分の身長を超えてしまう場合もある。段ボール箱であっても、顔に落ちるとけがをする可能性がある。児童の実態に応じて箱の大きさを変えるなど、ルールを変えてもよい。
○お題カードが不公平にならないようにする
　→事前に「勝負は時の運」「先生達は贔屓をしない」ということを児童に伝えておく。また、お題カードに偏りがないように注意をする。

〈この競技でつく力・教科との関連〉
　この競技で逆転現象を起こすことができる。お題のカードによって、ゴールまでに運ぶ箱の数が違ってくる。この競技は運が当日の勝敗を分けることになる。足の速さは関係がない。
　いつもは足の速い子が活躍することが多い運動会だが、運によって勝敗が変わるので、足の遅い子も活躍できる可能性が十分にある。また、箱の運び方で落としてしまうこともあり、最後まで勝負が分からず白熱し友達を応援する。互いを認め合う道徳の実践力がつく。

①特別支援3・4年生

II 運動会種目編 4 笑顔がいっぱい特別支援レシピ

自己決定能力とソーシャルスキルが育つ『じゃんけん競走』

　3～4名ほどで行う徒競走です。友達とじゃんけんをしてコースを選びます。合図で一斉にスタートしたら、2地点にいる「じゃんけんマン」とじゃんけんをします。勝ったら地点を通過し、ゴールします。じゃんけんの勝敗によって競走の結果が違ってきますので、脚力だけで勝敗が決まるとは限らないところにおもしろさがあります。

〈ルール〉
① 3～4名で徒競走をします。
② 出場者全員で、お互いに「こんにちは。」とあいさつをしてから、じゃんけんをします。
③ 勝った順に、好きなコースを選びます。スタート地点はそれぞれ50cm～1mほどの差がついています。
④ スタートの合図で一斉にスタートします。
⑤ コースの途中、2つの地点に「じゃんけんマン」がいますので、1地点目のじゃんけんマンに、「こんにちは。」とあいさつをしてからじゃんけんをします。
⑥ じゃんけんに勝ったら、通過できます。負けたら、じゃんけんマンの周りを一周します。
⑦ 負けたら勝つまでじゃんけんをします。
⑧ 2地点目のじゃんけんマンとも同様です。勝つまでじゃんけんをします。
⑨ ゴールをした順に1位・2位……と着順がつきます。

〈場づくり〉

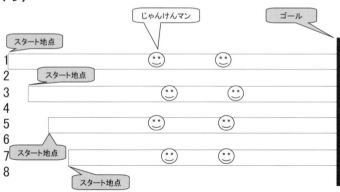

【ポイント】
○ 身体の接触の危険がないようにコースは1つおきに空けておくとよい。
○ 「こんにちは。」は、顔を見て、元気よく、はっきり言うように指導する。場合によってはやり直しをさせてもよい。
○ じゃんけんマンの立ち位置は横にきちんとそろえる必要はない。じゃんけんマンの周囲を回ることを想定して、適度にずらしておくとよい。

指導時間　1時間
準備物　なし（ただし、必要に応じてじゃんけんカード）

秋田県秋田市立泉小学校
村上 弥

〈事前準備・アクティブ・ラーニング発想〉
〇じゃんけんのできない子、苦手な子がいる場合は、あらかじめじゃんけんカードを用意して、任意の1枚を「じゃんけんぽん」の合図と共に出すようにする。
　（理由）自閉傾向のある子の中には、じゃんけんができない子がいる。相手の出す手に無意識の内に合わせてしまって、いつまでも勝敗がつかないのである。

〇スタートのコースは子どもに選ばせる。
　基本的に、スタート前のじゃんけんで勝った子は、自分にとって、より有利な短いコースを選ぶことが想定される。しかし、車いすの子や筋力が不足している子が同時に競技に参加する場合、そうでない子が、あえて、距離のあるコースを選ぶかもしれない。
※この競技は、参加する全ての子どもが特別な支援が必要である場合を想定している。すなわち、特別支援学校の運動会や一般の学校の中にある特別支援学級の子が一堂に会して交流する運動会を考えている。

〈この競技でつく力・教科との関連〉
①初めて会う相手にもあいさつをすることができる。
　じゃんけんをする相手は、初めて会う友達や他の学校の先生であることが考えられる。しかし、競技の流れの中で、あいさつで縮こまっているようでは、競技に勝てないので、自ずとあいさつをするようになる。場合によっては、じゃんけんマンにあいさつのやり直しをさせられたり、元気なあいさつを褒められたりする可能性もある。よって競技の中で、**ソーシャルスキルの力を高めることができる。**
②徒競走以外の要素が加わる（逆転現象）。
　競技自体は徒競走であるが、途中で2度、じゃんけんをすることが求められる。よって、徒競走の能力が高くなくても、じゃんけんで順調に勝ち進めば、1位になることも可能である。すなわち、この競技でも、**最後まであきらめない道徳の実践力をつけることができる。**
③自己決定能力がつく。
　スタート前に走るコースを選ぶためのじゃんけんをする場がある。ここで、自分でコースを選ぶ権利が与えられる。お家の人が見ている晴れの場で、自分にとって有利な距離の短いコースを選ぶこともできるのだが、友達の能力を推し量り、フェアな戦いができるようにあえて長いコースを選ぶこともできる。

②特別支援5・6年生

どうなるかわからない『四人八足ドリブルレース』

　やんちゃくんも夢中になれる、簡単なルールで意外性のある競技。チームで作戦を立て、動きを合わせることができます。
　ラグビーボールを使って行う、4人1組のチームプレー。どこに転がるかわからないラグビーボールを使って、4人でドリブルをしていきます。ルールは簡単でも、どうなるかわからないから盛り上がること間違いなし。

〈ルール〉
① 4人1組を作ります。
② 4チーム（赤、白、青、黄など）がそれぞれ向かい合って座ります。
③ 先頭の4人がホースか長縄で作った輪に入ります。
④ ラグビーボールを蹴って前に進みます。
⑤ 途中に置いてあるハードルの中にボールを通して次の組にボールと輪を渡します。
⑥ アンカーの組の1名がタスキを掛けておく。
⑦ ゴールラインを越え、タスキを掛けている人がラグビーボールを持って、中央のハードルに置くと終了。

〈場づくり〉

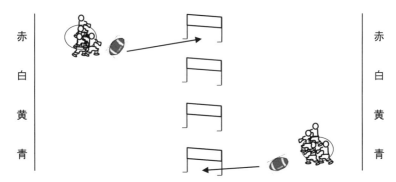

〈事前準備〉
○ 4人が入れるホースもしくは長縄で作った輪　4本
○ ラグビーボール　4個　　○ハードル　4個　　○タスキ　4色

指導時間　1～2時間
準備物　ラグビーボール　ホースか長縄で作った輪
　　　　ハードル　タスキ

島根県立江津清和養護学校
石川圭史

〈アクティブ・ラーニング発想〉
〇蹴り方を考える。
　（例）大きく蹴る。慎重に蹴る。蹴る順番を決める等。
〇チームで作戦を考える。
　（例）組の順番を変える。組のメンバーを変える。
　　　　最後にボールを置く人を変える等。

〈トラブルマニュアル〉
〇練習段階の危機対応
　4人が入る輪は、身体に接触することもあり、4人の動きが合わないときには引っ張られる恐れがある。強度もあり、弾力性がある素材のホースで作っておくと安全である。
　ラグビーボールの転がり方が不規則なため、チーム間を広くしておく。
〇本番中の危機対応
　ボールを追いかけることに夢中になって、隣のチームと接触することがないよう、中央に教師が待機し、危険な場合は知らせる。
〇事後の危機対応
　順位の判定でもめることがないように、中央の教師が順位を伝えることをアナウンスする。

〈この競技でつく力〉
①ボールを蹴る調整力
　ラグビーボールは不規則な動きをするので、慎重さが求められる。ボールを蹴る調整力が求められる。
②友達の動きに合わせる協調性
　輪の中の4人が動きを合わせなければ不規則な動きをするボールを蹴ることができない。自然と周りに合わせる力がつく。競技以外でも子ども同士の交流が生まれる。
③負けを認める力
　どこに行くかわからないボールでは、偶然性が勝敗を左右する。上手くいくときもあればいかない時もある。それは運次第。負けても仕方ないと思うことができる。
④ボールが通った時の達成感。
　ある程度高度な競技なので、ハードルの中をボールが通った時には、必ず拍手が起きる。蹴った本人も同じ組の人も達成感を感じることができる。

引用・参考文献：保里良隆氏「障害児の授業研究」2000年7月号論文

① 3〜6年生

『運も実力のうち！ 大玉ころがし』

　カードに出た数字のコーンを折り返す大玉リレーです。「チームワーク」そして「運」が勝利の鍵。最後の最後までどのチームが勝つかわからない『運も実力のうち！　大玉ころがし』です。

〈ルール〉
① 2人ペアで行う。審判係が持っているカードから1枚を提示する。
② 書かれた数字のコーンを回って戻って来る。
③ 戻って来たら、並んで待っているチームの最後尾をグルッと回って先頭の次のペアに大玉を渡す。
④ 次のペアがスタートする。
⑤ 先にゴールした方の勝ち。

〈場づくり〉

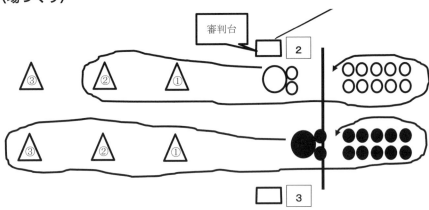

【指導のポイント】
　以下の作戦を考えさせることで、自分達で競技を行っている意識がもて、チームの動きや連帯感が増す。
①ターンの方法
　どうやったら速くターンすることができるかを考えさせる。
②数字カードの枚数
　どの数を何枚にするかを考えさせる。

玉を止める人と回す人を決めると効率がいいね。

指導時間　2時間
準備物　大玉　コーン　数字カード　踏み台
　　　　アンカー用ゼッケン

島根県雲南市立三刀屋小学校
中嶋剛彦

〈事前準備・アクティブ・ラーニング発想〉
○数字カードの枚数を考えさせる
　各チームペア数分用意させる。どの数字を何枚にするかを考えさせ作らせる。その際、各チームの数字の合計が同じになるようにする。そうすれば、走る距離の合計に差がなくなる。
○どうやったら速く転がせるかを考えさせる
　大玉転がしはペアで転がす。押す場所や立ち位置でスピードが変わってくる。どうすれば速く転がせるかをペアやチームで試行錯誤、相談させながら考えさせる。
○どうやったら速くターンできるかを考えさせる
　この競技に勝つための大きなポイントの1つとしてターンがあげられる。どうすれば素速くターンできるかをペアやチームで試行錯誤、相談させながら考えさせる。

〈トラブルマニュアル〉
○練習段階の危機対応
◆どのコーンを回らないといけないかがわからない。
→出された数字の書かれているコーンを折り返すことをしっかりと押さえる。本番はどの数字が出るかわからないので、数回練習させて慣れさせる。
○本番中の危機対応
◆回る場所を間違える。
→各組に審判係の教員を配置する。審判係が出た数字を把握し、回る場所を間違えそうになったら教える。
◆コーンが倒れる。
→審判係等にコーンを直す係をお願いし、倒れたらすぐに直してもらえるようにしておく。
○事後の危機対応
　着順に対する文句→審判係の教員と児童に協力してもらい、着順判定を明確に行う。

〈この競技でつく力・教科との関連〉
①逆転現象
　最後まで勝ち負けが分からないので盛り上がり、遅いチームへの批判の声等がなくなる。
②ペア・チームでの協力
　玉の転がし方やターンの方法などを話し合わせることで、思考力やコミュニケーション能力、問題解決能力を養うことができる。また友達と協力したり励ましあったりする道徳性も身につく。

Ⅱ　運動会種目編　5　記憶に残る集団レシピ

②1・2年生

みんなで力を合わせよう『玉入れ』

紅白玉を自分のチームのかごに投げ入れます。どのチームが勝つのか、ドキドキハラハラ。個人競技のように見えますが、実はチームワークがとっても大切な競技です。

〈ルール〉

①円の中心を向いて座る。
②合図があったら紅白玉を拾い、かごに入れる。
（30秒間の勝負）
③笛が鳴ったら終了。自分の場所に戻って座る。
④紅白玉の数をみんなで声を合わせて数える。
⑤多く入ったチームが勝ち。

〈場づくり〉

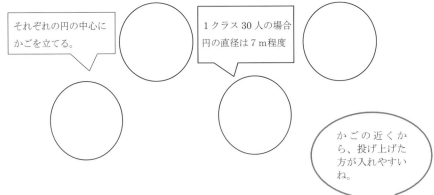

それぞれの円の中心にかごを立てる。

1クラス30人の場合 円の直径は7m程度

かごの近くから、投げ上げた方が入れやすいね。

【指導のポイント】

紅白玉を入れるには、かごの高さまで投げ上げる。どうやったら紅白玉が入るのかを実際に動きながら試行錯誤させていく。

①**投げる場所**

かごの近くから投げた方がいいのか、少し離れたところから投げた方がいいのかを考えさせる。

②**投げ方**

上から投げた方がいいのか、下から投げ上げた方がいいのかを考えさせる。

指導時間　2時間
準備物　かご　紅白玉

宮城県仙台市立富沢小学校
二瓶温子

〈事前準備・アクティブ・ラーニング発想〉
○チームでの作戦を考えさせる。
　どうやったら自分達のかごにたくさん紅白玉を入れられるのかを話し合う。試したり、他のチームの動きを見たりしながら、自分達に合った方法を見つけさせていく。

最後まで、かごをしっかり見て投げよう。

〈トラブルマニュアル〉
○練習段階の危機対応
　玉の取り合い等、チーム内でケンカになる。→何のために運動会をするのかを考えさせ、趣意説明をする。「みんながもっともっと仲良くなるために運動会をするんだよ。」「玉入れは、協力しているチームが勝ちますよ。」等と話し、仲良く運動したり声を掛け合ったりしながら活動できるようにしていく。
　落ちてきた紅白玉が顔に当たる→投げたらすぐに地面を見るよう声掛けをしていく。
○本番中の危機対応
　夢中になるあまり、ぶつかったり転んだりする。→近くにいる先生に協力してもらい、すぐに傷の手当てをする。場合によっては、親に来てもらい、その後の競技の参加のさせ方について相談する。
○事後の危機対応
　判定に対する不満→終わりの合図が鳴ったら投げるのをやめるというルールを徹底しておく。

〈この競技でつく力・教科との関連〉
①チームワーク
　作戦を考えながら競技をしていくうちに、チームの一員として頑張ろうという意識が芽生え、声を掛け合って運動することができるようになっていく。
②勝敗を受け入れる
　練習を重ねるたびに振り返る時間を設けることで、本番が終わった後には、勝敗だけではなく、みんなで頑張れたということに目を向けさせ、満足感を得られるようにしていく。

みんなで頑張ろう！

③4〜6年生

目線と声が結果を左右する『綱引き』

　1本の綱を、2組に分かれて引き合います。どちらが勝つか、会場が一体となって応援する、最後まで目が離せない、大盛り上がりの『綱引き』です。

〈ルール〉
①4年生以上の男女で行う。各組の人数調整は、3年生で行う。
②組ごとに、6年生→5年生→4年生の順に、背の高い子から男女混合の2列で並ぶ。
③ロープの左側に入場し、笛の合図で、ロープが列の真ん中になるように移動する。
④次の笛の合図で、綱を持つ。
⑤スタートの合図で、20秒間ロープを引き合う。
⑥自分の陣地へ2m（決勝線に）引き込む、または、終了時に優勢だった組の勝ち。
⑦場所を入れ替えて、2戦目を行う。
⑧1勝1敗になった時は3戦目を行い、勝敗を決める。その際、リーダーのジャンケンによって、場所を決める。

〈場づくり〉

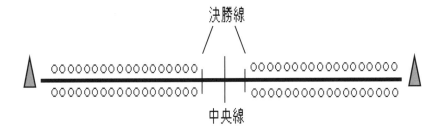

【指導のポイント】
　チームとして一体感や連帯感を増すために、以下のことを考えさせる。
①かけ声を揃えて綱を引く
　かけ声が揃うと大きな力が出やすい。動きを揃えて綱を引くには、どんなかけ声がよいか、考えさせる。
②旗の動きと綱を引く動きを合わせる
　旗係は、旗を上下に動かすように振る。その旗の動きと綱を引く動きとを合わせるようにさせる。

指導時間　1時間
準備物　綱

福井県南条郡南越前町立河野小学校
村田正樹

〈事前指導・アクティブ・ラーニング発想〉

○並び方も勝敗に影響を及ぼすが、指導時間が足りないので、6年生から身長順に並ぶこととして、すぐに並べるように事前に連絡しておく。
○目線は勝敗に大きく関わってくる。**「どこを向いて引くと大きな力が出るか」**を考えさせる。
○足は前後に開くか、左右に開くかを考えさせてもよい。

〈トラブルマニュアル〉

○**練習段階の危機対応**
　場所によって勝敗が決まっている→過去はどうだったかを調べ、校庭の傾斜との関連が強いようならば、綱の置き方を変えるようにする。
○**本番中の危機対応**
　一方的な展開になる→20秒を待たずに、危機を感じた時点で終了の合図をする。
○**事後の危機対応**
　引きずられて、けがをした→すぐに救護テントに連れて行き、手当てする。

〈この競技でつく力・教科との関連〉

①**チームでの協力**
　かけ声を揃えることができると、大きな力が生まれる。リーダーの指示に従い、友達と合わせようとする協調性が身につく。
②**一体感や連帯感の醸成**
　声や動きを合わせて勝利しようとする活動を通して、チームとしての一体感や連帯意識力を育むことができる。
③**理科との関連**
　目線の向きによって力の入り方が違うことを経験させることで、理科的な追求を期待したい。

〈参考文献・参考HP〉
- 根津盛吾氏指導案「向山型で行う綱引き指導をこう考える」（2010年向山型体育入門講座東京会場）
- 「運動会綱引の必勝法！」（http://www.tugofwar.jp/undoukai.html）

④全校生

かけ声で始めよう『綱引き』

　全校4色対抗綱引き。運動会当日に各色リーダーがジャンボくじを引いて対戦相手が決まるというドキドキの綱引き。6年の綱引きリーダーが主になって作戦を決めチームを牽引します。

〈やり方・ルール〉

①全校を4色に分ける。（本校は、各学年2クラス規模）
②各色（赤白青黄）6年から綱引きリーダーを決めておく。
③運動会当日、リーダーがジャンボくじを引いて対戦相手を決め対戦場所へ移動。午前中1回戦を行う（例：赤対白、黄対青）場所を交代して2回引きあう。1対1の時は、3回目を引き勝負を決める。
④午後、1回戦で負けた色同士で3位決定戦を、勝った色同士で決勝を行う。

一度作っておけば何年も使え便利。

〈場づくり〉

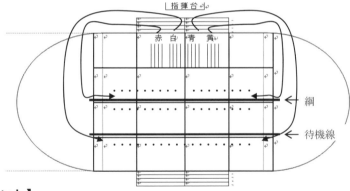

【指導のポイント】

①ジャンボくじには、1試合目か2試合目かが全校児童によく見えるよう、大きな数字を書いておく。
②綱引き対戦場所への移動
　リーダーに道順を覚えさせておき、1年～5年は、リーダーについていけば場所へ着くようにしておく。
③色リーダーは、各色2人
　場所移動・旗を持つなどの役割を分かりやすく行えるよう2人で分担協力させる。

黄は1試合目（東側）
青は1試合目（西側）

指導時間　全校1回45分　色別30分
　　　　　（6年の綱引きリーダーは別に数回練習）
準備物　綱　コーン　ジャンボくじ　色別応援旗

山梨県南アルプス市立大明小学校
湯泉恵美子

〈事前準備・アクティブ・ラーニング発想〉

教師が一方的に教えてしまうのではなく、6年の色リーダーに作戦を考えさせて進める。
（以下、今年の黄組の例）
①課題を見つける－黄組の綱引きのねらいは何か→勝つ！
　最後まであきらめない！　声を出す！
②調べる－勝つための作戦を調べ考える。
③討論する－どうやって低学年児童に教えるか→大きな紙に書いて提示するなど。
④異なる意見を認める→実際にやって見せる、学年ごとに綱を引かせてみるなど。
⑤まとめる→大きな紙に書いて6年が短く説明する。やって見せて、引かせてみる。

引き方と作戦
①綱をわきにはさむ。
②体を前に向けて足を横に開く。
③こしをおとす。
④かけ声は「そら！そら！そら！」
⑤位置についたら綱をさわらない。

〈トラブルマニュアル〉
なるべくエラーレスで、効率よく進められるようにしておく。
①**場所移動でとまどわないように。**

当日、スムーズに対戦場所へ移動できるよう、色リーダーは、朝の10分×3回、担当教師と入場・退場・場所移動などの動き方を練習しておく。

②**練習日になって困らないように。**

いつ・どこで書くのか、紙・ペンなどは誰が用意するのか、いつまでに仕上げるのかなど具体的な事を確認しておく。また、教師は、仕事の進み具合を把握し、必要に応じアドバイスをしていく。

③**最上級生の6年生がまごつかないように。**

低学年児童の前で、上手に綱引きのやり方が伝えられるよう、担当教師と練習しておく。紙に書いたものを、はっきりと大きい声で読む練習や見本としての引き方の練習。リーダー以外の6年児童への盛り上げの依頼。

〈この競技でつく力・教科との関連〉
①**チームの団結力**

6年リーダーの話を聞き、皆で同じかけ声、同じ引き方で引くことで、力を合わせることの素晴らしさを学ぶ。

②**6年生のリーダーシップ**

自分達で作戦を考え、それを分かりやすく伝え、下級生をリードしていく力が身につく。

「そら！そら！」のかけ声で、全員の顔が自然と空の方を向く！

「ぼくたちが考えた引き方や作戦をみんなが守ってくれ、綱引きで1位になれてもても良かったです。黄組綱引きリーダー　○○。」（運動会の閉会式6年代表の言葉）

⑤5・6年生

作戦次第で勝敗が決する『騎馬戦』

3人で騎馬を作り、1人が騎手となって相手のひたい部分にあるカードをとる団体競技。

作戦次第で勝負の行方が左右されます。高学年で行われることが多い『騎馬戦』です。

〈ルール〉
① 1組4人。3人で騎馬を作り、1人が騎乗する。
② 騎手ははちまきをし、ひたい部分にカードをはさむ。
③ 整列線に並び、ピストルの合図で動き始める（作戦に従い、組全体の態勢を整える）。
④ 次のピストルの合図で相手のカードを取り合う。
⑤ 1試合の時間は2分間とし、2試合で取ったカードの合計で勝敗を決める。カードが同数の場合は3試合目を行う。

〈場づくり〉

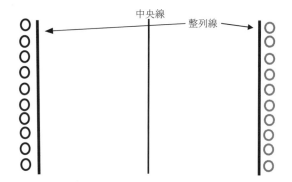

【指導のポイント】
①作戦タイムは2回

1回目は1試合目の始まる前。2回目は1試合目と2試合目の間。2回の作戦タイムをとることで、より相手を意識した具体的な作戦を考えることができる。

②作戦は騎手から騎馬へ伝達する

作戦タイムで全員が集まることはかえって混乱を招く。そこで、騎手だけを集めて作戦を決める。

指導時間　2時間
準備物　はちまき　カード（赤・白）　手袋（赤・白）

山形県尾花沢市立尾花沢小学校
笹原大輔

〈アクティブ・ラーニング発想〉

○「相手を囲む」「ペアチームをつくる」など、事前にどのような作戦があるのかをいくつか伝えておく。しかし、実際に試合を行うとチームの課題が浮き彫りになる。そこで、どうすれば相手チームに勝てるのかをさらに考えさせることができる。

○2時間扱いであるから、1時間目と2時間目の間には考える時間がある。休み時間なども「作戦タイム」にしていいことを伝え、自分達で課題を乗り越えようとする経験を積ませることもできる。

〈トラブルマニュアル〉

○練習段階の危機対応

手が相手の顔にあたる→故意でなくとも手が相手の目や口にあたり、けがをさせる場合がある。それを防止するために必ず綿素材の手袋を着用させる。

腕を振り回す→騎馬戦になると、気持ちが高ぶって腕を振り回しながら相手に向かっていく子が出てくる。そこで、事前にどのような行為がよくないのかを全体の前で指導する。腕を振り回しそうな子からお手本をしてもらうとよい。

○本番中の危機対応

反則行為→本番は気持ちが高揚し、反則行為などのトラブルもよく見られる。そこで、1チームごとに審判（保護者）を配置することを原則とする。

○事後の危機対応

相手に対する文句→関係している審判に集まってもらい確実に対応する。

〈この競技でつく力・教科との関連〉

①課題を解決する力

作戦次第で勝敗が決まるのが騎馬戦である。チーム一丸となって作戦を立てることで、課題を解決する力が身につく。

②規則を尊重する心が育まれる

ルールを守ることが大前提の競技である。よって、**規則尊重の道徳力が身につく。**

まとまって行こうね。
ペアチームで動こう！

⑥中学生
男子が熱中する種目「騎馬戦」

　中学校男子(特に２年生、３年生など)は、体が大きくなりエネルギーもいっぱいもっているので格闘技系は、大好きです。格闘技系であっても殴る蹴るは禁止で帽子を取り合うなどのルールがきちんとしている騎馬戦は、男子向きの種目です。

〈ルール〉
①殴る、蹴るなどの暴力行為は禁止
②紅白などの２チームに分かれる。
③相手の騎手の帽子を取る。
④取った帽子の数の多いチームが勝ち。
⑤騎馬が崩れたら自分の陣地にもどる。
⑥反則行為があった場合は、反則したチームの負けとする。
⑦ひとつの騎馬は、４人とする。
⑧前面に立つ騎馬の土台が１人、側面に立つ土台が２人、騎手が１人の４人で構成する。
⑨前面に立つ騎馬の土台となる人の左手と左側側面に立つ人の左手をつなぐ。
⑩前面に立つ騎馬の土台となる人の右手と右側側面に立つ人の右手をつなぐ。
⑪騎手が帽子を取られたり地面に落ちたら自分の陣地にもどる。

〈戦う場所(コート)〉

トラックの内側・・・半円の部分を除いた長方形の部分

この長方形の縦ラインをスタートラインとする。

指導時間　1時間
準備物　なし

岐阜県郡上市立大和西小学校
瀧日幸雄

【指導のポイント】
①導入時
騎馬戦のねらいを語る。肉弾戦となる格闘技系の競技であることを説明する。
このような格闘技系のスポーツも人間の成長にとっては必要なことを語る。
ルールをちゃんと守って行うならば何も危険ではないことを語る。
②スモールステップでの指導
その1……騎馬とはいかなるものであるかを写真および映像で説明する。または、事前に特定の子に騎馬の作り方を教えておき、説明当日、前に出てきてもらって活用する。
その2……ルールの説明。ルールをきちんと守れば危険ではないことを分からせる。
その3……4人組のチームの発表。児童&生徒達に決めさせてもよい。自治的集団になっていれば児童生徒に決めさせてもよい。
その4……騎馬を実際に作る。発表された4人チームで騎馬を作ってみる。
その5……騎馬で動く練習をする。騎馬で動く時には、どんな工夫がいるのかを体験させる。
その6……4人の騎馬チームで作戦を立てる。まず1騎ごとに作戦を立てさせる。これは、アクティブ・ラーニングとなる。
その7……チーム全体でどのような作戦あるいは工夫をするかを相談させる。これもアクティブ・ラーニングである。ここが結構おもしろい。作戦によって勝つか負けるかが決まることを教える。
③個別評定
動きの良い騎馬を紹介し、何がよかったのかを考えさせる。
④チーム全体の作戦に対する評定
どのような作戦を立てるのか、どのような工夫をするのかによって勝敗が分かれることを指導する。

〈トラブルマニュアル〉
○興奮すると、殴る蹴るという行為に走る子もいる可能性はある。しかし、事前に反則をしたらチーム全体が負けとなることを言っておく。このことでかなり防げる。
○万が一にも反則行為が起きた場合は、冷静に判定し、反省を促すように導けばよい。
○トラブルを通して成長することを指導していけばよい。

⑦3〜6年生

『みんなで引っ張れ！ 棒引き』

　運動場の中心に置かれた棒を、自分達の陣地まで引っ張ってきます。
　素速さと力強さの競演、会場も大盛り上がりの『みんなで引っ張れ！ 棒引き』です。

〈ルール〉

①運動場の中央に10本程度の竹の棒を並べる。
②紅白に分かれた2チームが両サイドに分かれて、笛（信号器）の合図で一斉に棒を取りに行く。
③竹の棒を自分の陣地まで引っ張っていく。
④他の棒を取り合っているところに手助けに行くことができる。
⑤陣地に置かれた棒が多い方が勝ち。勝負がつかない場合は、自分の陣地に近い棒がたくさんある方が勝ち。
⑥時間は1分から1分30秒ほど。

〈場づくり〉

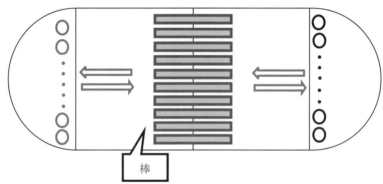

棒

【指導のポイント】

①作戦を立てさせる

　中央に置かれた棒を取るという単純な競技であるだけに、各チームで作戦を練る必要がある。（事前準備・アクティブ・ラーニング発想参照）

②安全に気をつけさせる

　棒を引く人数の違いが大きい場合、相手にひきずられる場合がある。また、固い棒を使うので、打撲等も考えられる。安全には十分気をつける。

相手の人数がそろう前に、一気に引っ張るぞ。

指導時間　2時間
準備物　棒

愛媛県愛南町立久良小学校
井上　武

〈事前準備・アクティブ・ラーニング発想〉

この競技の見所は、素速さと力強さである。相手が棒に触る前に素速く取ったり、相手の人数がそろう前に一気に棒を引いたりすると、会場は大盛り上がりである。以下の作戦を考えさせたい。

○棒の取り方
　だれがどの棒を取りに行くか、何人で行くかなどを話し合わせる。
○手助けの行き方
　どの対戦の手助けに行けば、効率的に棒を自分の陣地に持ってこられるか話し合わせる。

〈トラブルマニュアル〉

○練習段階の危機対応
　棒の相手側を持って押す→棒に赤と白のテープを巻き、自分のチームの色の部分を持つようにさせる。
　転んだまま引きずられる→競技の性質上、そのようなこともありうることを言い、危ない場合は手をはなすように伝える。
○本番中の危機対応
　引きずられて危険を伴う→審判がどちらのチームの棒かを決定し、伝えて、手をはなさせるようにする。
○事後の危機対応
　引きずられたことへの文句→けがをしている場合は、手当てをしっかりする。子どもの痛みや怖さを受け止め、次の競技への意欲を持たせる。

〈この競技でつく力・教科との関連〉

①戦略を練る力（思考・判断）
　足の速さや力の強さなど子どもの特性を生かして、だれがどの棒を取りに行くかなどの戦略を練る力がつく。
②チームでの協力
　棒を取っても取られても、すぐに友達を助けに行かなければならない。チームの仲間と協力しようとする気持ちが自然に生まれる。

棒を陣地に置いたら、友達を助けにいくぞ！

⑧1〜6年生

みんなを巻き込む『よさこいフラッシュモブ』

突然に流れ出す音楽、ゲリラ的に始まるよさこいに子ども達や先生、保護者も加わり、みんなで踊り狂います。フラッシュモブを運動会に取り入れるとこうなります！

フラッシュモブ（flash mob）とは、インターネットなどを介して不特定多数の人間が公共の場に突如集合し、目的を達成すると即座に解散する行為である。難しいテクニックを必要とせずに単純なパフォーマンスを求めるなどして、参加者の敷居が低いものとしていることが多い。運動会で全校でひとつのことに取り組むことは重要である。全校の子ども達が心をひとつにすることは、良い学校教育を行う上で必要なことである。子どもの特徴と学校の教育から考えても、フラッシュモブと学校は非常に相性がよい。

〈ルール〉

①フラッシュモブは、運動会の種目の中には加えておかない。
②仕掛け人は6年生。
③昼休みや種目の間に、突然よさこいの音楽を流す。
④音楽に合わせて、グラウンドの真ん中で、たったひとりだけが踊り出す。
⑤数人が走ってよさこいに加わる。その後6年生全員が加わる。
⑥5年生が加わり、その後は自由に加わっていく。
⑦よさこいの曲は「さあ、みんなでどっこいしょ」「よっちょれ」などの曲がおすすめである。まねしてでも踊りやすい。
⑧終わったら各自のペースで無言で場所に戻っていく。

【指導のポイント】

6年生の中で、最初に踊り始める人、加わる人、踊りながら手招きをして全校を誘う人などパフォーマーをあらかじめ決めておくことが大事である。そして1回だけ踊り始めの部分の練習をしてイメージを持たせておけば失敗がない。

また、6年生の表現種目とかぶせると負担が少なく、他学年も練習の音楽や様子を見ているため踊りやすい。

指導時間 1時間（6年生のみ）／所要時間10分
準備物 音楽　よさこい音楽

神奈川県藤沢市立本町小学校
内海里美

〈事前準備・アクティブ・ラーニング的発想〉
○フラッシュモブの映像を初めに見て、イメージが持てるようにする。
○6年生が中心となって企画させることが大事である。運動会の予定の時間を延ばさないで、いつ、どのタイミングで、誰が踊り出すかを話し合う。
○6年生から5年生に企画を話し、協力を要請する。6年生の後に続くように事前に話しておく。
○踊り始めの練習を5、6年合同でし、指示は教師ではなく6年生が出す。
○フラッシュモブは、終わった後、何事もなかったかのように無言で各自の場に各自のペースで戻っていくことがかっこいいことを事前に6年生に伝え、全校が無言で戻れるよう6年生が散らばりながら戻っていくなどの作戦を考える。

〈トラブルマニュアル〉
○練習段階の危機対応
　全校生徒、保護者、教師が競技スペースで踊る場合、十分なスペースが確保できるかを確認。
○本番中の危機対応
　教師が踊る場所をばらけさせてだいたい決めておき、トラブルがあった時には瞬時に、音楽を止めることなく対応できるようにしておく。
○事後の危機対応
　踊りが終わった後、盛り上がってその場でふざける児童が出てしまった場合は、素早くアナウンスをする。

〈この競技でつく力・教科との関連〉
①リーダー性と責任感
　6年生が主体になって行うため、全校を引っ張っているというリーダー意識をもつことができる。また、自分達で企画しているため、「成功をさせないといけない」という責任感が生まれる。
②自主性
　どうしたら全校をゲリラ的にまとめることができるのか、子ども達は試行錯誤して考える。5年生に協力を要請したり、踊り始めや終わりの段取を考え、計画することで自主性が生まれる。

①1・2年生

なかよく走ろう『デカパンゴーゴー！』

1つのでっかいパンツをたすき代わりにリレーします。
足の速さだけでなく、親子の息が合っていることが求められることがポイントです。
作戦を立てて、全員がゴールするまでチーム全体で協力します。どのチームが勝つのか「運」まかせです。最後までわくわくできる『デカパンゴーゴー！』でなかよく走ります。
＊子ども達だけの事前指導が、本番での親子の競技を大きく左右する。

〈ルール〉
①クラス1チーム、計4チームで対抗する。（紅白各2チーム、計4チーム）
②先頭のペアが5mぐらい離れて向かい合い、各チームのペアがその後ろに1列に並ぶ。
③先頭のペア以外のペアは前の人の肩に両手を置いて離れない。
④布製の3本足の大きなパンツを用意し、2人が左右の足の部分と真ん中に片方ずつ足を入れる。
⑤よ〜いドンで2人は肩を組んで、二人三脚のように「いち・に」「いち・に」と声を出しリズムよく相手チームの一番後ろを回り、自分のチームの後ろを回って次のペアに、パンツを脱いで交代する。
⑥パンツを脱いだペアは自分のチームの一番後ろに回り、「ガチャン！」と両手を前の人の肩に置いてつながる。
⑦これを繰り返し、アンカーのペアが先頭で脱いだパンツをたたんでフラフープの中に置いたチームの順に1位、2位……と着順がつく。

〈場づくり〉

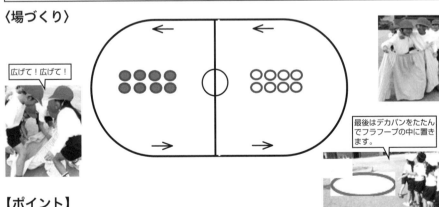

【ポイント】
○二人三脚のように、足を合わせることも大切だが、パンツに「入る」「脱ぐ」とパンツが落ちないように持つ指導をする。パンツが破れてしまうこともある。
○味方のペアが回るときは、距離を短く、相手ペアが来たら、肩に置いている手を思いっきり伸ばすと有利になる。必ず手が肩から離れないことをルールとする。

指導時間 2時間
準備物 布製大パンツ4枚（予備2枚）　フラフープ

兵庫県伊丹市立天神川小学校
川端弘子

Ⅱ 運動会種目編　6　思い出に残る親子競技レシピ

〈事前準備・アクティブ・ラーニング発想〉
○布製大パンツを作る。枚数は、クラス数（破れた時の予備として2枚）
　クラス（紅白）チームでの対戦ゲームとする。
○次のペアと交代するときのコツを考える。（本番での親子競技に生かされる）
　どうしたら上手く履き替えることができるかは、子ども達が意見を出し合って考える。
　（例）次のペアにパンツを広げてもらうと履きやすくなる　等
○味方のペアが回る時と相手のペアが回る時の作戦を立てる（最後まで全員が競技に参加できる）。味方のペアができるだけ速く回れるためにどうしたらいいかは子ども達が意見を出し合って考える。
　（例）味方が回る時には、ぴったり先頭にくっつくと良い。「ちぢんで！」と声をかける。相手が回ってきたら肩の手が離れないようにできるだけ手を伸ばすと有利。等「伸びて！」と声をかける。

ちぢんで！

伸びて！

〈トラブルマニュアル〉
○練習段階の危機対応
　親の人数が不足したらどうするか→他の親にペアを組んでもらう。
○本番中の危機対応
　パンツが破れた→予備のパンツを持っていく係を決めておく。
　大きく手が離れてしまう→1点減点。（係に依頼）
○事後の危機対応
　着順に対する文句→審判係の教員と児童に協力してもらい、着順判定を明確に行う。

〈この競技でつく力・教科との関連〉
①みんなで協力して作戦を立てることができる。
　味方のペアが自分のチームを回る時と、相手のペアが回る時では、どうすれば有利になるか気づいたことをペア・グループ全体で話し合う。動きを言語に置き換えて説明することができる。そのことでより共通理解でき協力することができる。**国語の言語力を高める。**
②ペアやグループで励まし認めあうことができる。
　パンツに「入る」「脱ぐ」での共同作業の後、2人で肩を組んでリズムよく走る。そのために相手の動きと自分の動きを合わせるにはどうすればいいのか自然と話し合うことができる。
　うまくいった時に「やった！」とペアやグループで喜び合う姿が見られる。**自己肯定感が高まり、自尊感情を高める道徳の実践力がつく。**

② 1〜3年生

とっても可愛い『チェッチェッコリ玉入れ』

「チェッチェッコリ、チェッコリサ♪」と歌に合わせて腰をフリフリ可愛らしい踊りをします。5分もかからないうちに子ども達はノリノリでダンスを覚えます。「ホンマンチェッチェッ♪」と最後のストップモーションで、各自が自由に面白いポーズをします。

　踊りの合間に、笛の合図で玉入れを開始します。

※『チェッチェッコリ（チェチェコリ）／ Che Che Kule（Kye Kye kule）』は、アフリカのガーナ民謡とされている子どもの遊び歌です。日本の「せっせっせーのよいよいよい、おちゃらかおちゃらかおちゃらかホイ」のような調子をとる言葉だそうです。

〈ルール〉
①外円の上に並び外側（観客側）を向く。
　「チェッチェッコリ、チェッコリサ♪」と歌に合わせてダンスを踊る。
②2回目の「チェッチェッコリ、チェッコリサ♪」の歌では、内側（玉入れカゴの方）を向き、歌に合わせてダンスを踊る。
③笛の合図で玉入れをする。次の笛の合図で、玉入れを止め、またダンスを踊る。
　※笛が鳴り終わったあとに入った玉は、無効とする。
④玉入れを5回繰り返す。
⑤1番最後は「ヤー」と掛け声をあげて終わる。

〈場づくり〉

白…31名
赤…31名
の場合

内円…半径1.5m
外円…半径6m

※内円の中には入ってはいけない。
※ダンスは、外円の上で踊る。

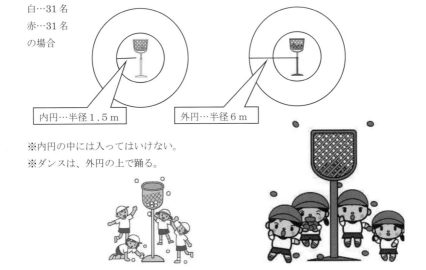

指導時間　2時間
準備物　チェッチェッコリ玉入れの音楽　カゴ　玉

東京都世田谷区立城山小学校
大塚諒太郎

【ダンスの踊り方】

　ダンスの踊り方は、様々ある。「チェッチェッコリ玉入れ」と検索すると、いくつか参考になる動画を見ることができる。視聴をおすすめする。下記は私が指導した際に行った踊り方である。

チェッチェッコリ……両掌で頭を4回叩く。
チェッコリサ　　……右手で右肩、左手で左肩を4回叩く
リサッサマンガン……胸の前で手をクロスし、右手で左肩、左手で右肩を4回叩く。
サッサマンガン　……手を腰に当て、腰を左右に4回ふる。
ホンマン　　　　……右手で右もも、左手で左ももを2回叩く。
チェッチェッ！　……**好きなポーズをする。**
※一番初めの練習では、両手を開いて上に上げ、両足を開くポーズで統一しておく。

〈アクティブ・ラーニング発想〉

　最後の「チェッチェッ！」のところで、思い思いに、おもしろいポーズをさせる。
① 「A君、とってもおもしろいポーズだ！　10点！」「Bさんもすごい！　15点！」と、個別評定していくことで、どんどん子ども達はポーズを工夫していく。
② 「Cさんは顔もおもしろくしているなぁ。」「Dくんは、毎回ポーズが違うなぁ。」と褒めていくと、さらによくなる。
③ 上記の指導は、普段、**'配慮を要する子''手がかかる子'と言われる子ほどノリノリでおもしろいポーズをした。**ここぞとばかり、褒めに褒めた。

〈音源の入手方法〉

① 運動会用CD「ヒットヒットマーチ2014」に収録されている。（日本伝統文化振興財団、2,600円＋税　2014年4月2日発売）
② 勤務校で「チェッチェッコリ玉入れ」やりたいんですけど……というと、音源を持っている方がいるかもしれません。
③ 地域の体育部の方に聞くと、「○○小でチェッチェッコリ玉入れをしていたので、聞いてみてはどうですか？」と教えていただけるかもしれません。

③5・6年生

照れも吹っ飛ぶ！「親子で二人三脚！」

　高学年ともなると、思春期に突入！　親子競技にも「照れ」が出るもの。人前でフレンドリーにふるまうのは、難しいものです。そんな意識をふっとばすのが「親子二人三脚」。お互いに協力せざるを得ません。そして、競技中に「飴玉さがし」のサプライズ。必死に飴玉を探す姿を笑顔で見つめる保護者のみなさん。卒業アルバムのナイスショットに最適です！

〈ルール・やり方〉

①フィールド内で行う。
②運動会の色チームごとに親子に列で並びます。
③並び順は、出席番号順だと保護者が分かりやすいです（卒業アルバムの写真選択の際にも児童の判別がしやすく、わかりやすいです）。
④親子で二人三脚の紐を足首に巻きます。（写真①）
⑤右図のような状態で、列にスタンバイします。（図①）
⑥スタートの合図で、二人三脚をしながら前に進み、途中にある「飴玉トレイ」の中にある飴玉を児童が顔だけを使って口に含みます。
⑦児童が飴玉を口に含んだら、折り返してスタート地点に戻ります。そして次のチームと交替します

写真① 二人三脚用マジックテープ

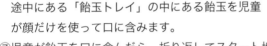
図① 親子で二人三脚の準備完了

〈場づくり・事前準備〉

①飴玉トレイ
②ビー玉サイズからピンポン玉サイズの大小様々な飴玉を人数分＋5つ小麦粉の中に隠しておく。
③あまり深いのはNG。右写真程度。

【指導のポイント】

　親子競技ですから、運動会のチーム得点には影響させないこととします。6年生親子の「思い出づくり」というのが主眼ですから、親子で楽しくできればよいのです。
　親子の触れ合いの競技ですから、どうしても「親子2人」の種目となります。学年の児童数が多い場合には、トレイの数を増やし、スタート地点からトレイまでの距離を短くするなどして競技時間が冗長にならないように配慮します。

指導時間　1〜2時間
準備物　二人三脚のひも　机　飴玉トレイ　飴玉

山梨県昭和町立常永小学校
根津盛吾

〈アクティブ・ラーニング発想〉
①問題を発見する。
　二人三脚で、うまくスムーズに進むことができない。
②問題を追求する。
　友達とペアを組んで二人三脚をする。そして③の観点で動きを検討する。
③討論・論争する。
　親子の体格差や走りやすさを考えたとき、自分は右側がよいか、左側がよいか。
　始めの一歩を出すときは、外側がよいか、内側がよいか。
　掛け声の出し方は、どのようなものがよいか。
④異なった意見を認める。
⑤結果をまとめる。
　親子の実態と各児童の体格や走力は違うのだから、「これが一番良い」ということはない。各親子で何度か事前練習を積む中で、動きのコツはわかっていくだろうとまとめる。

〈トラブルマニュアル〉
①飴玉探しを採用する際は、要検討である。私が実践したのは13年前。こうした実践にも寛容さがあったが、今では否定的な考えもある。特に「多くの児童が同じトレイを使用する」という衛生面の問題に対する対策や、喘息等を持つ児童への配慮は欠かせない。
②上記の事態を解消するための方策として、「トレイを男女別にする」「小麦粉使用を廃止する」「一個ずつが袋に包まれた飴玉を使用する」等が考えられる。
③主たる運動は、二人三脚である。飴玉でなくとも「違うミッション」を用意しておき、二人三脚という「親子の触れ合い」の要素は残すという方法も良い。
④二人三脚用マジックテープを予め児童に配布しておき、「本番までに親子で練習しておこう！」とすると、事前の取組段階から親子のスキンシップが図れる。

〈この競技でつく力〉
①バランス感覚、協応動作の基礎感覚
②励まし合い、認め合い、教え合い、助け合いの力
③物事への計画性
④より良いもの（事）を探そうとする力
④運動を細分化してみる力
⑤明るく・前向きな態度・意欲

①全校生

全校児童で行う『紅白対抗ボール運びリレー』

　低学年から順に、ペアでボールを運んでリレーします。「ボール」とボールを運ぶ「台」がバトンの代わりです。低学年はドッジボール、中学年はバランスボール、高学年は大玉を運びます。走る速さよりもペアで動きを合わせることが重要です。ボールが落ちやすく、逆転現象が起きます。

〈方法〉
○ペアでボールを運んでリレーする。
○1年生→2年生→3年生……と学年順にリレーしていく。
○「ボール」とボールを運ぶ「台」がバトンの代り。
○低学年はドッジボール、中学年はバランスボール、高学年は大玉を運ぶ。

〈ルール〉
○ボールを落としたら「台」をその場においてボールを拾いに行く。
○次のペアにバトンタッチするときは、「ボール」と「台」をその場に置く。

〈場作り〉
○トラックを4等分し、紅白のペアと教師を配置する。(A～Dが各中継地点)
○1番最初にスタートする低学年のペアのところにボールを運ぶ「台」と「ドッジボール」を用意する。
○中学年の1番目のペアのところに「バランスボール」、高学年の1番目のペアのところに「大玉」を用意する。

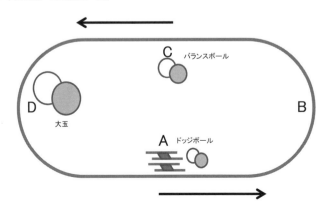

指導時間　2時間
準備物　ドッジボール　バランスボール　大玉　台

北海道名寄市立風連中央小学校
柏倉崇志

〈ポイント〉
ボールを運ぶ「台」を一度作成し、保管しておくことで、次年度から準備が容易になり、時間が短縮できる。

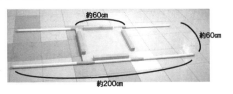

〈事前準備とアクティブ・ラーニング発想〉
○各学級で、紅白別にペアと出走順、出走場所を決めておく。
○各ペアにどのようにしたらボールを落とさないで走れるかを練習させる。新聞紙や布、体操棒等を使うと多くのペアが一度に練習できる。（課題を追求する）

〈トラブルマニュアル〉
○バトンタッチの際に「ボール」と「台」を置くというルールを、各中継地点の教師が声をかけて徹底する。
○アンカーのゴールの定義を明確にしておく。（アンカーペアの前の児童がゴールテープを切ったらゴール）

〈この競技でつく力〉
①体のバランスをとる能力・用具を操作する能力。
②友達の動きと協調して運動する能力。

〈その他〉
本校（全校児童約140名）では毎年実施している。
競技担当者が、低学年から高学年まで各ペアのスタート位置を一覧表で事前に提案し、全体練習（入退場を入れて15分程度）を1～2回実施するだけで当日をむかえている。
各学級では、ペアの決定とボールを運ぶ練習を1時間行うだけである。

②3・4年生

作戦を自然に考える！「小綱うばい！」

　小さめの綱（5〜8mくらい）を真ん中に置いて、それを各チームでうばい合う競技です。小さめの綱が13本くらいあれば簡単にできます。団体競技として、盛り上がること間違いなしです。

〈ルール〉
①トラック中央ラインに小綱を13本置く。
②各色のチームがピストルと同時に一斉に走り出し、真ん中に置かれた綱をうばい合う。
③取った小綱は、自陣まで持っていく。完全に自陣に持っていったもののみ1本獲得したことになる。（相手の陣地にあるものは、取ってはいけない）
④もう一度ピストルが鳴ったら、引っ張りあっていた綱をその場におき、自陣にもどる。
④自陣の本数が多いほうが勝ちとなる。
⑤もし、色が複数色ある場合は、リーグ戦となる。（時間がかかる可能性あり）

〈場づくり〉

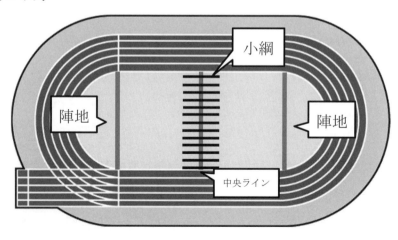

【ポイント】
○相手の陣地に入ったものは、取ってはいけないことを指導する。
○終了ピストルが鳴ったら、綱を置いて自陣に戻るように指導する。
○無理をさせないように、早めにピストルをうつ。（長引かせるとけがのもとになる。）

指導時間　2時間
準備物　小綱　ピストル

石川県野々市市立富陽小学校
大邉祐介

〈事前準備・アクティブ・ラーニング発想〉
○作戦を考える。
　「小綱うばい」で大事なことは単純である。どうやったら綱を相手よりも早く取れるかである。長い時間競技をしていると、けがにつながる。したがって、すばやく決めないといけない。そこで、どうやったら相手よりも早く綱を取れるかを子ども達に考えさせることができる。学級や組ごとに集まって作戦を考えさせることで、わかりやすくなる。
　（例）足が速い子を分散して並ばせる作戦

〈トラブルマニュアル〉
○練習および本番の危機対応
- 1つの綱に集中する→けがをする可能性がある。大勢いるところにいかないこと、もしくは周りで応援することを指導しておく。また、均衡状態になったらなるべく早めにピストルを鳴らすようにする。
- 時間がかかる→移動の練習をきちんと指導しておく。

○事後の危機対応
- 綱が陣地に入っていなかった→綱が半分以上入っていたら、入ったことにする。ただし、引っ張りあっていた綱は入れない。

〈この競技でつく力・教科との関連〉
①作戦を考えることができる。
　1回競技をさせた後、クラスに戻り作戦会議をすることができる。どうやって並ぶのか、先手をうつために、どうすればいいのかなどである。作戦を考えることで、問題を発見し、追求・探求ができる。アクティブ・ラーニングにつながるのである。さらに、国語の「学級で話し合う」単元にもつなげることができる。
②学級のまとまりを生む。
　作戦によっては、速い子が取る。同時に取ったら、その子を助けるということが大事になる。そうやってクラスが一丸となってできるため、学級のまとまりを生むことにつながる。道徳の協力することにつながるのである。

① 1〜6年生

郡上踊り「春駒」

　岐阜県郡上八幡町の「郡上踊り」は、日本三大踊りで無形文化財でもあります。10種類ある「郡上踊り」の中でも一番簡単な「春駒」は、軽快なリズムとかけ声で楽しく地域の踊りに触れ、踊る楽しさを味わうことができます。

〈場づくり〉

　コーンを置き、10人ほどの輪を作る。
　人数によっては、1つの円でもよい。
　大人数の場合は、円を二重にしてもよい。

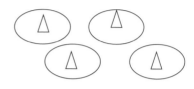

〈踊り方〉

　1と2を繰り返す。

1、「右、右、左、左」
　①右足あげておろす。両手はグーで胸の前からハの字におろす。(同じ動きを2回行う)
　「右」

　「右」

　②左足をあげておろす。両手は①と同じ。(×2回)
　「左」

　「左」

2、「踏み込んで、パン」
　①右に踏み込み、戻って手を叩く　　②左に踏み込み、戻って手を叩く
　「踏み込んで、パン」　　　　　　　「踏み込んで、パン」

指導時間　1～2時間
準備物　郡上踊り CD・DVD　コーン

岐阜県多治見市立養正小学校
中宿清美

【指導のポイント】
①導入の工夫
　にぎやかな郡上踊りの様子を映像で見せ「楽しそう」「踊ってみたい」という意欲・関心をもたせる。
②スモールステップでの指導
「春駒」の動きを身につける際には、スモールステップで指導する。踊り1では、①足だけ→②両手だけ→③両手と足の順で進める。踊り2では、①踏み込むだけ→②踏み込んで叩くの順がよい。できたら大いにほめ、どの子も確実に踊れるようにする。
③動きの言語化・イメージ化
　踊り1では「右、右、左、左」、踊りの2では「踏み込んで、パン」というような動きに合わせた言葉を使うことで、動きが覚えやすくなる。さらに、2では、動きが表している「馬のたづなをひいている」様子を伝えることでイメージを膨らませ、豊かに踊れるようにする。
④個別評定
　動きを確かに身につけられるようにするために、個別評定を行う。どの子も到達度を確かめられるようにし、特に苦手な子には、そばに付き添い個別に支援する。

〈事前準備・アクティブ・ラーニング発想〉
○踊りの「かけ声」を考える。
　実際の郡上踊りでは、踊りながら「かけ声」がかかり、場がいっそう盛り上がる。踊ることになれてきたら、「かけ声」を考えて踊りながら大きな声で言う。
　例:「ホイ!」「ソレ!」「ハ、ハ、ハ!」など

〈トラブルマニュアル〉
○狭い場所で踊ると、隣同士手が当たることがある。場の設定はゆとりをもって行う。
○進むとき、進行方向を間違えてぶつかることがある。慣れるまでは、教師が、「右向いて」「左向いて」と声をかける。

〈この競技でつく力・教科との関連〉
①リズムダンスの力
　軽快なリズムの音楽に乗って弾んだり、友達と調子を合わせたりして楽しく踊ることができる。
②日本を知り、愛する力
　日本に古くから伝わる踊りを踊ることで、伝統的な文化を知ることができる。また、日本のよさを知ることができる。

② 3～6年生

運動会に沖縄の風「TOSS沖縄エイサー」

「TOSS沖縄エイサー DVD & CD」があれば、誰でも5時間で沖縄の伝統舞踊エイサーの指導ができます。長くなりがちな表現運動の指導時間。その時間を短縮することができます。

〈踊りのパーツ〉

エイサーの複雑な動きをパーツに分け、ネーミングしてある。
①はずみ打ち　②まわし打ち　③①と②あげ、どっこいしょ・バック　④すすんでくるりん・もどってどっこい・ピョン　⑤フィニッシュ
右のDVDを使えば、映像を流すだけで指導を行うことができる。

〈場づくり〉

入場後の隊形。踊りの方向を変えるだけで、全体に動きを生み出すことができる。

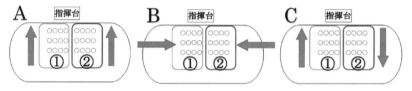

A　正面を向いて踊る。　　B　向かい合って踊る。　　C　①は正面、②は逆向きに踊る。

【指導のポイント】

踊りの指導はDVDを視聴させるだけで可能である。しかし、踊りの動きを高めるためには、評定が必要である。

① 「まわし打ち」

右写真のような動きである。左手を頭の前に伸ばした状態で打つ。左が伸びていれば合格である。

② 「どっこい」

相撲の四股のポーズであり、特に女子が苦手である。どうしてもつま先が真っ直ぐになってしまい、足を開くことができない。そこで、評定である。つま先が外を向いているか、腰は落ちているかを評定の基準として合否を告げる。基本は、全員合格である。

③ ほめる

「自分はできている」と思うことで大きな踊りが生まれる。そこで、「自信」を持たせるためにもほめて、ほめて、ほめることが必要である。

指導時間　5時間
準備物　パーランクー（小太鼓）バチ
　　　　沖縄エイサー DVD&CD

沖縄県嘉手納町立嘉手納小学校
稲嶺　保

〈事前準備・アクティブ・ラーニング発想〉
○フィニッシュの工夫

　最後の決めのポーズである。通常であれば、右のポーズを全員でそろえて終了である。さらに進化させるために、オリジナルの決めポーズを考えさせる。5、6人のグループをつくり、フィニッシュのポーズを考えさせる。次の手順で進める。
① フィニッシュの指導
② 児童に工夫した見本（例示）を見せる。
③ グループでフィニッシュを作る。
④ 各グループのフィニッシュを紹介。（情報の共有化）
⑤ 自分達のフィニッシュを決める。
②では、最低2パターンは示したい。「個人のポーズ」を工夫する場合と「グループの隊形」を工夫する場合である。（両方を合わせてももちろんよい）

〈トラブルマニュアル〉
○練習前の確認

　パーランクーを持ち出すとたたきたくてたまらない。だからこそ、事前に「踊るとき以外はたたきません」と確認しておくことが大切である。また、パーランクーを持たせたまま、踊りの指導を行うと指示を通すことが難しい。初期の段階では、手打ち（パーランクー無し）での指導が適している。

○練習中

　パーランクーを持ち出すと児童個々が「たたくこと」に夢中で、音がそろわないことが多い。そこで、練習中から「音楽（歌）を聞きなさい」と指示をすることが大切である。

〈この競技でつく力・教科との関連〉

　主に体育として指導を行うが、「異文化に触れる」として「音楽」や「総合的な学習の時間」とも関連づけることができる。

【DVD入手先】

「TOSS沖縄エイサー指導DVD＆CD」の入手に関しては、（担当：稲嶺保）まで連絡をお願いします。
連絡先　inamine5@at.au-hikari.ne.jp
※映像DVDと共に音楽CDもセットで入手できます。
※エイサーの映像を右のQRコードで紹介しています。

①5・6年生

組体操『事前指導』レシピ

事前指導は大切です。子ども達の練習への意欲・態度がちがってきます。
①なぜ組体操をするのかについて、趣意説明をします。
②安全に進めるためのルールとマナーについて語ります。

１．事前指導では、まず趣意説明。

前年度の運動会で撮影した「組体操」のビデオがあれば、それを見せてから話すと効果がある。

〈趣意説明〉

　いよいよ組体操の練習が始まります。この学校では、６年生だけが、することのできる組体操です。理由があります。
- 一人ひとりの力と技が必要です。
- 友達と力を合わせることができる能力もいります。
- お父さんやお母さん、そして町の人達に感動をプレゼントします。
- 練習中は、けがをしないように、辛抱することや練習を続けることが必要です。
- ルールやマナーを守ることも必要です。
　今までのように、簡単なことではありません。
　それでも、よし、みんなでやってやろう！　と思う人、手をあげてごらんなさい。

すべての子が手をあげる。６年生として、最後の運動会で「組体操」を成功させたいという心の準備ができていく。

２．組体操のルールとマナーを伝える。

趣意説明が子ども達のなかに入ったら、すかさず、ルールとマナーについて、全員に伝えておく。この時だから、子ども達に、すっと入っていく。

〈練習におけるルールとマナー〉

　今から、組体操のルールとマナーについてお話しします。
　みんなにルールとマナーを守ってほしいのです。理由があります。
- みんなで成功させたいからです。
- 絶対にけがをさせたくないからです。
　いくつかお話しします、しっかり聞いていなさい。

Ⅱ　運動会種目編　９　安全に、短期間にできる組体操レシピ

指導時間　1時間　　　　　　　　　　　　　三重県伊勢市立浜郷小学校
準備物　なし　　　　　　　　　　　　　　　　上川　晃

一つずつ、ルールとマナーを話し、確認していく。

> ①授業の最初に、体育係が前に出て、準備運動をしておきます。

教師が来る前に、「体操をしておく」。遊んでいる子がいなくなる。心構えもできる。

> ②上のシャツは、ズボンの中に入れておきます。

シャツなどが引っかかって、失敗することも減るし、倒立などをしても、下着などがみえることがない。

> ③手と足の爪は、短く切っておきます。

長い爪だと、はがれてしまったり、相手の体を傷つけたりすることもあるかもしれない。

> ④長い髪の子は、結んでおくようにします。

髪飾りやアクセサリー、またミサンガなどの装飾品も身につけないよう指導する。

> ⑤メンバーの組み合わせは、まだ確定していません。練習のなかで、変わる可能性があります。

できる、できないがはっきり目に見える組体操。
　2人以上の組み合わせの技の場合、持ち上げたり、上に上がったりすることが多い。互いに相手の悪いところ探しでは、チームワークが育たない。練習の過程のなかで、得意不得意があるので、当然、メンバーの組み合わせの変更もありうる。そのことを、予め伝えておくのである。

〈事前準備・アクティブ・ラーニング発想〉
○普段の体育授業のなかで、組体操に必要な基礎感覚、基礎技能を育てておく。
　例：かえる倒立、かえるの足打ち、ケンケンパー等
○前年度の「組体操」の資料を集めておく。
○「学年だより」や「学級通信」でも、保護者に情報を流しておく。
○どのようにしたら、「組体操」を成功させることができるのか、考えさせる。

②5・6年生
組体操『指導のコツ』ヒント

なにより子どもの安全が第一。安全確保に最大の努力をします。
次に、技を細分化し、練習のなかでどのようなステップで指導するかが重要です。

〈指導のコツ〉

　組体操の指導には、成功に導くためのいくつかのコツがある。それは、大きく2つに分類できる。1つは、「子どもにけがをさせない」こと。もう1つは、「スモールステップ」で指導するということである。

①できるかぎり技を細分化する。

　技を細分化し、パーツに分ける。すると、どういうステップで指導すればいいか、どこで子ども達がつまずくか、見えてくる。

②子どもの安全が第一と心に刻む。

　練習時においても、本番中においても、「絶対に子どもにけがをさせない」ことが第一である。近年は、無理な大技を取り入れることで、骨折などの大けがをさせてしまうこともあるそうである。後遺症が残るようなら、大変なことである。
　無理なことはしない、途中で気づいたら、即中止。内容を変えるなどの措置が必要である。

③メンバーの組み合わせは、最初の段階では確定とはしない。

　メンバー組み合わせの基本は、次の2つがよい。
　1つ目は、「2人技の　肩車→サボテン」ができる組み合わせ。
　2つ目は、「3人技の　アーチ橋(飛行機)」ができる組み合わせ。
　この2つのいずれかでメンバーを決めると、その後の大人数の技の組み合わせにも、この基本のメンバーを生かすことができる。
　私の場合は、「2人技　肩車→サボテン」の組み合わせから決めることが多い。

④専科の先生や支援員さんにも、情報を共有してもらう。

　練習が始まれば、必ず複数の教師で指導にあたる。子どもの安全のためである。だから、専科の先生や支援員さんにも、指導の方針や日程などについて、情報を流しておくことが大切である。

指導時間　1時間
準備物　なし

三重県伊勢市立浜郷小学校
上川　晃

> ⑤「組体操」の資料を残していく準備をする。

　必ず事前に前年度の「組体操」の資料を集めておく。今年度の指導に役立つからである。
　そして、今年度の「組体操」の資料も残す準備をしていくとよい。
　私は、次のように分類して残していく。
- 提案文書
- 練習の日程
- 技の組みたて
- ナレーションの台本
- 使った音楽
- 場作りの図
- 「学年だより」「学級通信」

〈事前準備・アクティブ・ラーニング発想〉
○普段の体育授業のなかで、組体操に必要な基礎感覚、基礎技能を育てておく。
　例：かえる倒立、かえるの足打ち、ケンケンパー等
○「学年だより」「学級通信」で、「組体操」のことを、保護者に知らせる。
○子ども達に、「組体操」を成功させるために必要なことは何か考えさせる。

〈この競技でつく力・教科との関連〉
①**調整力、筋力**
　自分の体を、思い通りにコントロールする。一定の姿勢を保つことができる筋力をつける。
②**互いの協力**
　声を掛け合い、動きを合わせることで、みんなで最高の組体操をつくっていく。

【参考文献】『組体操指導のすべて　てんこ盛り事典』根本正雄編（明治図書）

③5・6年生

組体操『1人技』スタート

1人で技をします。ひとつひとつの動きをきびきびと行わせます。
「決め」の合図と「やめ」の合図は、ホイッスルを吹きます。

〈進め方〉
①片足バランス→片手バランス→V字バランス→背支持倒立→ブリッジ
②ひとつひとつの動きをきびきびと。
③ナレーションに合わせて動く。
④「決め」の合図と「やめ」の合図は、ホイッスルで行う。

〈場づくり〉

片足バランス

片手バランス

V字バランス

背支持倒立

ブリッジ

【指導のポイント】

組体操の1人技は、多くの場合、組体操のスタート。すべての子に成功体験を味わわせる。
①動きをパーツにわける。
②スモールステップで指導する。
③「決め」と「やめ」の合図は、指導者がホイッスルで行う。

例:ブリッジの指導
・寝る。
・両手両足の用意。
・持ち上げて決める。
・ホイッスルで、つぶれる。
・起立する。

指導時間　1時間
準備物　なし

三重県伊勢市立浜郷小学校
上川　晃

〈事前準備・アクティブ・ラーニング発想〉

○普段の体育授業のなかで、組体操に必要な基礎感覚、基礎技能を育てておく。
　例：かえるの倒立、かえるの足打ち、ケンケンパー等
○1人技をどのように「決め」たいのか考えさせる。
○成功させるために必要なことは何か考えさせる。

合わせよう。きれいな波をつくろう。

〈トラブルマニュアル〉

○練習段階の危機対応
　バランスをくずしてけがをする→競争ではなく、ゆっくりとした動きで練習をさせる。スモールステップで指導する。無理をさせないで行う。
○本番中の危機対応
　緊張して演技の順番がわからなくなる→あらかじめ、教員を配置して、指導できるようにする。必ず側にいて補助する。
○事後の危機対応
　けがをした子に対するフォロー→その場で、適切な手当をする。けがをしたことに対し、保護者におわびをする。けがをした経過について、保護者に説明する。

〈この競技でつく力・教科との関連〉

①調整力、筋力
　自分の体を、思い通りにコントロールする。一定の姿勢を保つことができる、筋力をつける。普段の体育の時間に行う。
②互いの協力
　声を掛け合い、動きを合わせることで、みんなでひとつの動きをつくっていく。

準備いいかい。波の人頑張ってるよ。

④5・6年生

組体操『2人技』で動き合わせ

2人で技をします。ひとつひとつの動きをきびきびと行わせます。
「動き」を合わせることを考えさせます。合図は、ホイッスルを吹きます。

〈進め方〉
①丸木橋→倒立→肩車→サボテン
②ひとつひとつの動きをきびきびと。
③互いの動きを合わせる。
④「決め」の合図と「やめ」の合図は、ホイッスルで行う。
⑤2回失敗してしまったら、座って待つ。

〈場づくり〉

丸木橋

倒立

肩車

サボテン

【指導のポイント】

けがをさせない。
すべての子に成功体験を味わわせる。
①動きをパーツにわける。
②スモールステップで指導する。
③最初のうち4人組で練習をさせる。互いに補助し合い、けがをしないようにさせる。

例：サボテンの指導
・下の子が腰を落とす。
・上の子が太ももに乗る。
・下の子が後方に体重を乗せながら首を抜く。
・上の子は、まっすぐに立ち上がる。
　それから前方に体を傾け、決める。
・上の子をおろして、2人とも起立。

指導時間　1時間　　　　　　　　　　　三重県伊勢市立浜郷小学校
準備物　なし　　　　　　　　　　　　　上川　晃

〈事前準備・アクティブ・ラーニング発想〉

○普段の体育授業のなかで、組体操に必要な基礎感覚、基礎技能を育てておく。
　例：かえる倒立、かえるの足打ち、
　　　　ケンケンパー、補助倒立等
○2人技をどのような工夫をしたら、動きを合わせることができるか考えさせる。
○補助の仕方を個別に指導する。

その調子、いいよ。

〈トラブルマニュアル〉

○練習段階の危機対応

　バランスをくずしてけがをする→スモールステップで指導する。4人組で、たがいに補助をさせあう。どこを補助するか指導する。

○本番中の危機対応

　あらかじめ、教員を配置して、指導できるようにする。2回失敗したら、座って次の技を待つようにする。

○事後の危機対応

　けがをした子に対するフォロー→その場で、適切な手当をする。けがをした場合には医者につれていく。

〈この競技でつく力・教科との関連〉

①調整力、筋力、持久力

　自分の体を、思い通りにコントロールする。一定の姿勢を保つことができる、筋力や持久力をつける。

②互いの協力

　声を掛け合い、動きを合わせることで、互いに上達していくことを実感する。どんな声がいいか相談させる。

しっかりと足をつかむよ。頑張れ！

⑤5・6年生
組体操『3人技』支え合いの呼吸

　3人で技をします。「動き」を合わせ、支え合います。無理させないような指導を行います。合図は、ホイッスルを吹きます。

〈進め方〉
①3人扇→つり橋（アーチ橋）
②技を細分化し、パーツにわける。
③無理させないように、形を工夫する。
④「決め」の合図と「やめ」の合図は、ホイッスルで行う。
⑤2回失敗してしまったら、座って待つ。

〈場づくり〉

3人扇

つり橋（アーチ橋）

【指導のポイント】

　けがをさせない。
　すべての子に成功体験を味わわせる。
①動きをパーツにわける。
②スモールステップで指導する。
③最初のうち6人組で練習をさせる。互いに補助し合い、けがをしないようにさせる。
④技の完成度が低い初期の段階では、体育館で指導するほうがよい。（右ページ参照）

例：つり橋（アーチ橋）
・3人がしゃがむ。
・真ん中が、手と足をかける。
・後ろの子が指示をだす。「せーの！」で立つ。
・後ろの子がタイミングを合わせる。
・両足をもちあげ、決める。
・両足をおろす。
・3人ともしゃがむ。
・真ん中をおろして、3人とも起立。

指導時間　1時間
準備物　なし

三重県伊勢市立浜郷小学校
上川　晃

〈事前準備・アクティブ・ラーニング発想〉

○普段の体育授業のなかで、組体操に必要な基礎感覚、基礎技能を育てておく。組体操に必要な技能を身につける。
○工夫する観点を考えさせる。
○動き方を3人で考えさせる。
○どのように補助したらいいのか考えさせる。

だいじょうぶ。支えてあげるから。

〈トラブルマニュアル〉

○練習段階の危機対応
　バランスをくずしてけがをする→スモールステップで指導する。6人組で、互いに補助をさせあう。

○本番中の危機対応
　あらかじめ、教員を配置して、指導できるようにする。1回失敗しても挑戦させる。2回失敗したら、座って次の技を待つようにする。

○事後の危機対応
　けがをした子はその場で、適切な手当をする。けがをしたことに対し、保護者に経過を説明し、了解をとる。

〈この競技でつく力・教科との関連〉

①調整力、筋力、持久力
　自分の体を、思い通りにコントロールする。一定の姿勢を保つことができる、筋力、持久力をつける。

②互いの協力
　声を掛け合い、動きを合わせることで、3人でひとつの動きをつくっていく。

頑張れ。うまくいってるよ。

⑥ 5・6年生

組体操『5人技』細分化・パーツ指導

5人で技をします。「動き」を合わせ、支え合います。無理させないような指導を行います。合図は、ホイッスルを吹きます。

〈進め方〉
①山→グライダー→滑り台
②技を細分化し、パーツにわける。
③無理させないように、ステップを工夫する。
④「決め」の合図と「やめ」の合図は、ホイッスルで行う。
⑤2回失敗してしまったら、座って待つ。

〈場づくり〉

山

グライダー

滑り台（右から3人目の土台を2人にする）

【指導のポイント】

けがをさせない。
すべての子に成功体験を味わわせる。
①動きをパーツにわける。
②スモールステップで指導する。
③動きを合わせる工夫をさせる。
④最初のうち10人組で練習をさせる。
　互いに補助し合い、けがをしないようにさせる。

例：グライダーの指導
・5人が横並びで、起立。
・真ん中の子が用意。翼になる子2人が、土台の子の背中に両手を置く。
・両端の持ち上げる子が、足をもつ。ホイッスルで決める。
・ホイッスルでおろす。
・全員が起立。

指導時間　1時間
準備物　なし

三重県伊勢市立浜郷小学校
上川　晃

Ⅱ　運動会種目編　9　安全に、短期間にできる組体操レシピ

〈事前準備・アクティブ・ラーニング発想〉

○普段の体育授業のなかで、山、グライダー、滑り台に必要な基礎感覚、基礎技能を育てておく。
○一つのパーツをしっかりできるようにする。
○「決め」の動きを指導する。
○どのように補助したらいいのか考えさせる。

みんないいよ。そろってるよ。

〈トラブルマニュアル〉

○**練習段階の危機対応**
　バランスをくずしてけがをする→スモールステップで指導する。10人組で、互いに補助をさせあう。

○**本番中の危機対応**
　失敗してしまう→あらかじめ、教員を配置して、指導できるようにする。失敗したら素早くやり直しをさせる。2回失敗したら、座って次の技を待つようにする。

○**事後の危機対応**
　けがをした子に対するフォロー→その場で、適切な手当をする。けがをしたことに対し、保護者におわびをする。けがをした経過について、保護者に説明する。

〈この競技でつく力・教科との関連〉

①**調整力、筋力、持久力**
　自分の体を、思い通りにコントロールする。苦しい時でもそれに耐える筋力、持久力をつける。

②**互いの協力**
　声を掛け合い、動きを合わせることで、5人でひとつの動きをつくっていく。

みんな頑張れ。完璧だよ。

⑦ 5・6年生
組体操『6人技』3段ピラミッドの一気立ち

6人で技をします。3段ピラミッドの一気立ちです。「動き」を合わせ、支え合います。無理させないような指導を行います。合図は、ホイッスルを吹きます。

〈進め方〉
① 3段ピラミッド一気立ち→一気立ちバリエーション
② 技を細分化し、パーツにわける。
③ 動きを合わせる。
④ 「決め」の合図と「やめ」の合図は、ホイッスルで行う。
⑤ 一番上に乗る子が、周りをみて指示をだす。

バリエーション
1. 全員で一気立ち。
2. 外側から順に。
3. 内側から順に。
4. 全員で一気立ち。

〈場づくり〉
3段ピラミッドを10台つくる。∧の形に並べた。

【指導の順番】

① 1段目の3人と2段目・3段目

② 2段目と3段目

③ 全員での演習

指導時間　1時間　　　　　　　　　　　　　三重県伊勢市立浜郷小学校
準備物　なし　　　　　　　　　　　　　　　　　　　上川　晃

【指導のポイント】

けがをさせない。すべての子に成功体験を味わわせる。
①動きをパーツにわける。
②スモールステップで指導する。
③動きを合わせる工夫をさせる。
④最初のうちパーツで練習をさせる。互いに補助し合い、けがをしないようにさせる。

〈事前準備・アクティブ・ラーニング発想〉

○普段の体育授業のなかで、計画的に6人技、3段ピラミッドに必要な基礎感覚、基礎技能を育てておく。
○誰がどのようにしたら、成功するか、動きを考えさせる。

〈トラブルマニュアル〉

○練習段階の危機対応
　人数が多くなるとバランスをくずしやすい。補助をしっかりする。
○本番中の危機対応
　ピラミッドは危険なので、あらかじめ失敗した時の対応を指導しておく。
○事後の危機対応
　けがをした子にはその場で、適切な手当をする。大きなけがをした場合は、医者につれていく。

〈この競技でつく力・教科との関連〉

①調整力、筋力、持久力
　一定の姿勢を保つことができる、筋力、持久力、忍耐力をつける。
②互いの協力
　声を掛け合い、動きを合わせることで、全員でひとつの動きをつくっていく。

⑧5・6年生
組体操『7人技』アーチづくり

　7人で技をします。今までの技を組み合わせます。「動き」を合わせ、支え合います。無理させないような指導を行います。合図は、ホイッスルを吹きます。

〈進め方〉
①カシオペア→アーチ橋
②動きを合わせる。
③「決め」の合図と「やめ」の合図は、ホイッスルで行う。
④「せーの」などの指示をだす子を決めておく。

〈場づくり〉

カシオペア（7人　肩車＋扇）……写真は組み合わせたもの

アーチ橋（8人　滑り台×2つ）

【指導のポイント】
　けがをさせない。
　すべての子に成功体験を味わわせる。
①今までやったことのあるパーツの組み合わせ。
②スモールステップで指導する。
③動きを合わせる工夫をさせる。
④互いに見合って、いい点を見つけ合う。
⑤個別評定をいれる。

指導時間　1時間
準備物　なし

三重県伊勢市立浜郷小学校
上川　晃

〈事前準備・アクティブ・ラーニング発想〉

○普段の体育授業のなかで、人数が多くなってもスムーズに組体操ができるように、集団行動を指導しておく。
○誰がどこに動くのかを考えさせる。
○どのように補助したらいいのか考えさせる。

〈トラブルマニュアル〉

○練習段階の危機対応
　スモールステップで指導し、一つ一つの技をきちんとできるようにしてから、次の技に進むようにする。
○本番中の危機対応
　失敗してしまう→あらかじめ、教員を配置して、指導できるようにする。2回失敗したら、座って次の技を待つようにする。
○事後の危機対応
　けがをした子に対するフォロー→その場で、適切な手当をする。けがをしたことに対し、保護者におわびをする。けがをした経過について、保護者に説明する。

〈この競技でつく力・教科との関連〉

①調整力、筋力、持久力
　自分の体を、思い通りにコントロールする。一定の姿勢を保つ筋力、持久力をつける。
②互いの協力
　声を掛け合い、動きを合わせることで、みんなでひとつの動きをつくっていく。
　みんなが成功するために、どんな声を掛け、動いていくか身につけさせる。

⑨ 5・6年生

組体操『10人技』けがをさせない！

　10人で技をします。ピラミッドと塔です。「動き」を合わせ、支え合います。子どもに無理をさせない、けがをさせない指導を行います。合図は、ホイッスルを吹きます。

〈進め方〉

①ピラミッド→塔

②パーツで練習する。

③必ず先生が補助する。

④動きを合わせる。

⑤「決め」の合図と「やめ」の合図は、ホイッスルで行う。

〈場づくり〉

ピラミッド

塔　　　　　　　　　　浜郷大橋

土台と上の部分に分かれて練習する

【指導のポイント】

　けがをさせない。すべての子に成功体験を味わわせる。

①パーツで練習する。

②スモールステップで指導する。

③動きを合わせる工夫をさせる。

④個別評定をいれる。

⑤自主練習は先生がいるときのみ可能とする。

指導時間　1時間
準備物　なし

三重県伊勢市立浜郷小学校
上川　晃

〈事前準備・アクティブ・ラーニング発想〉
○普段の体育授業のなかで、10人技に必要な筋力、持久力、体力を育てておく。
○くずれない工夫、成功する動きを考えさせる。
○補助の仕方を考えさせる。

〈トラブルマニュアル〉
○練習段階の危機対応
　バランスをくずしてけがをする→スモールステップで指導する。絶対に無理をさせないように指導する。
○本番中の危機対応
　危険な技なので、あらかじめ教員を配置して、待機させる。2回失敗したら、座って次の技を待つようにする。
○事後の危機対応
　けがをした子に対するフォロー→その場で、適切な手当をする。けがをしたことに対し、保護者におわびをする。けがをした経過について、保護者に説明する。

〈この競技でつく力・教科との関連〉
①調整力、筋力、持久力
　自分の体を、思い通りにコントロールする。一定の姿勢を保つことができる、筋力をつける。
②互いの協力
　声を掛け合い、動きを合わせることで、成功につながる。

動きをそろえて、気持ちもそろえて

⑩ 5・6年生

組体操「安全で学びある技」のみで、演技構成をする

　組体操で、どんな技を行うかが注目されています。演技構成をするときには、教師の見栄はすてて、「安全である技」「体の仕組みを学べる技」を選ばなくてはなりません。

　組体操でのけがは、子どもの一生を左右する重大な事故になることがある。それだけに、どの技を選び、演技構成を行うのかは、組体操だけでなく学校の信頼に大きく関わる。よって、「安全である」ことが最優先される。その上で、関節をどう曲げるのか、どの位置に乗るのか、体の重心はどうなっているのかなど、「体の仕組みを学べる技」を選ぶことで、子ども同士が対話し、相手を認めていくアクティブ・ラーニングを成立させることが可能になる。

〈事前準備・アクティブ・ラーニング発想〉
〇技選びの3原則を守る
　多人数を一気に崩さない　間違い例……ピラミッドを一気に崩す
　1人分の身長より上から倒さない　間違い例……人間倒し
　補助の手が届かない技にしない　間違い例……3段以上のタワーや立体的なピラミッド
〇**補助することを利用して、アクティブ・ラーニングを成立させる**
　2人技以上の人数では、兄弟グループで互いに補助するだけでなく、ポイントを伝え合う。

〈この指導でつく力〉
①**子ども同士が、対話する力**
　初めて技を行う際「相手にどこが痛くないか聞きながら乗る」など、対話することが必須となるように指示を行って、話す量を増やす。
②**体の仕組みについて考える力**
　補助倒立と飛行機など、同じ原理を利用した技を、繰り返し学ぶことで、体の仕組みについて考える力が身につく。

〈トラブルマニュアル〉
〇事前の危機対応
　次頁の組体操プレチェックを行うことで、実態に即した技を選ぶ。
〇練習段階の危機対応
　メリハリのある指導→演技に入る前に「気をつけ」、話を聞くための「休め」、1つ前に戻るための「元へ」を使い分ける。「全体指導のポイント」（P.118）にあるように、教師の話を真剣に聞く時間、目一杯話しながらグループで取り組む時間、一気に集中して全員で技を揃えて行う時間を明確に分ける。
　教師の補助を行う→練習段階から、次頁の表にある補助必要人数を揃える。子どもや教師の実態によっては、これ以上の補助人数を準備しなくてはならない。
〇本番中の危機対応
　子ども・教師の補助→教師の補助を続けるのはもちろん、肩車・サボテンなど危険度の高い技は、本番でも子ども同士で補助を行う。
　音楽に合わせない→音楽の拍に合わせると、緊急時に対応できない。安全を確認しながら進行するために、笛等で合図を行う。

指導時間 2時間
準備物 その学校で過去に組体操で選んだ技一覧

滋賀県大津市立堅田小学校
東郷 晃

Ⅱ 運動会種目編 9 安全に、短期間にできる組体操レシピ

組体操 技の危険度・難易度 一覧

★…推奨　…危険

		危険度 低	練習での補助 必要人数	運動会 教師の補助 必要人数	危険度 中	練習での補助 必要人数	運動会 教師の補助 必要人数	危険度 高	練習での補助 必要人数	運動会 教師の補助 必要人数
難易度 低	1人技	★気をつけ バランス技	0	0						
難易度 中	1人技	★肩倒立	0	0	3人技	飛行機	3人→0人	0			
	2人技	★すべり台	2人→0人	0							
	3人技	★表彰台 ★ロケット ★ヨット	2人→0人	0							
		★ウェーブ	2人→0人	0							
難易度 高	1人技				3人技	扇一倒し	4人→0人	0	多人数技	ピラミッド全員での倒し 3段タワー（6人 3人 1人）以上の人数のタワー トラストフォール（人間起こし） 55人ピラミッドなどの立体ピラミッド	
					4人技	★飛行機		0	2人技	★サボテン ★扇車 ★補助倒立 ★2段タワー	2人 2人 2人 4人	0 0 0 0
					5人技	★5人表彰台 ★扇倒し		0	4人技			
					6人技	★3段ピラミッド	6人	0	多人数技	馬3段6人 3人 1人 下は馬のタワー	教師が2	子どもが2人 子どもが2人 0 2人
					多人数技	足つき4段ピラミッド	教師が2人	2人				
難易度 低	1人技	★1人技のほとんど			1人技	★ブリッジ		0			

○をつけましょう

組体操 技選びの3原則　多人数を一気に崩さない　1人分の身長より上から倒さない　補助の手が届かない技にしない

【組体操プレチェック】メインの指導をする先生が
①初めて、6年生を担任した、または、教職2年目までである。
②組体操を指導するのは、初めて、である。
③組体操の講習を受けるのは、今回が、初めて、である。
④学級の子どもたちが、しばしば話を聞かずに、素直に取り組めないことがある。
⑤5年の子どもたちが、しばしば話を聞かずに、素直に取り組めないことがある。

○が4個以上	危険度＋1 難易度＋1
○が1～3個	危険度＋1
○が0個	表の通り

【参考】東郷晃『集団技を中心にした組体操の実践例』根本正雄編『組体操指導のすべて──てんこ盛り事典』明治図書
松田大夫『平成26年度大津市学校体育実技講習会資料』

⑪ 5・6年生

組体操の演技指導 「体の仕組みを学べる技」動きの原理をつかむ

　組体操では、動きの原理原則が共通している技があります。そういった技の中心となる原理を学ぶことで、子ども達は互いに対話する際のコードを身につけます。アクティブ・ラーニングを可能にするには、このような共通の視点をどの子も持っていることが大切です。

　子ども達に「お互いアドバイスをしなさい」と言っても、動きの原理原則が分からなければ、何を話すべきなのかが分からない。また、今の状態が安全なのか、危険なのかが分からず、事故につながることがある。だからこそ、教師が「体の仕組みを学べる技」を中心に演技構成し、さらに原理原則を指導することが必要となる。

直角の原則
ピラミッドなどを行うときの関節は全て90°に曲げる。

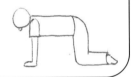

乗り方の原則
腰や肩の上に足で乗るときには、下になる人に聞きながら、痛くない場所を探す。
（AよりもBの方が安定し痛くない）

腕関節の原則
「中指をほんの少し、外側に向けます」
(右手の場合)
中指を内側向きにすると肘が簡単に曲がる。
中指を外側向きにすると肘が曲がりにくい。

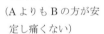

膝上への乗り方の原則
膝の少し上に乗る。下の人は、上の人の膝の上（太もも）を巻き込むように持つ。

乗る・降りる瞬間に最も大きな負荷がかかる。上段は勢いをつけて乗らない。

全身持ち上げの原則
腕支持で持ち上げるときは、脚中心の立ち上がる力＋持ち上げられる人の蹴る力も使う。

膝曲げの原則
上段の膝は、伸ばしきらない。かつ、曲げきらない。

準備物　技の一覧　動きの笛の合図一覧

滋賀県大津市立堅田小学校
東郷　晃

片足開放の原則
倒立の状態になった人を降ろすときは、片足開放（股を割って片足を先に降ろす）で重心移動を最小限にする。そうすると、加速がつきにくく、ゆったりと足を降ろせて、さらに技の成功率が上がる。ゆったりと降ろせるので、運動場でも足の指先を痛める危険性が、低くなる。

〈アクティブ・ラーニング発想〉
○技を行うグループと補助するグループ、それぞれに同じ１つの原理原則を対話させる。いくつもの視点を同時に与えるのではなく、一時に一事で教え、また確認をさせていく。

〈この指導でつく力〉
子ども同士が技の本質を話す力
　その技の中心となる技能が分かると、子ども同士が話すべきポイントが明確になる。明確になるからこそ、どの子も話すことができるようになる。

〈トラブルマニュアル〉
○**危険な動きを明確に伝える**
　例えば、肩車からサボテンの動きでは、子どもの首のけがに気をつけなくてはならない。つりざお型の動きは、絶対にさせない。
○**補助の仕方を徹底し、本番でも補助を積極的に行う**
　例えば、肩車の補助では、脇と手首を持つ。その補助の手の向きも徹底する。本番でも、その補助を行い、安全を最優先する。
○**想定外の動きを想定して練習する**
　例えば、タワー系の技では、下段の子それぞれが早く動いたときの傾きを吸収する練習をする。このような突発的な場合の動きができてから、上段の立ち上がりを練習する。

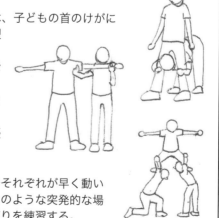

【参考文献】高木悟氏「平成20年度大津市学校体育実技講習」

⑫ 5・6年生

組体操の全体指導「メリハリのあるシステム」真剣さを持続させる

　組体操では、安全のために、子ども達は真剣に技に取り組むことが必要です。そのために、今何をすべきかを明確にした授業の組み立てが大切になります。その真剣さがあるからこそ、子ども達が話を本気で伝えようとするアクティブ・ラーニングが可能になります。

1．組体操は安全・誇り・体の仕組みを学習する
　教師からの指示を待つのではなく、なぜそうするのかを考え、体の仕組みを学んでいくことに、組体操の学習の価値がある。また、そこから「自分自身への誇り」や「安全に対する意識」を、高めていくことが重要である。

2．授業の流れをシステム化する
　毎時間の授業の流れをおよそ同じに計画しておくことで、子どもに無理なく授業ができ、教師間の連携もスムーズになる。例えば次のような

1. 準備運動をしておく
2. 集合する
3. 体操の隊形に広がる
4. 前時までの復習をする
5. 新しい動きを見る　※見えにくければ集合
6. 動きを笛の合図で行う（確認）
7. 動きをそれぞれで練習する（グループ練習　個別指導）
　　※このときに子ども同士も話し、動きのポイントを定着させる
8. 全員で、動きを笛の合図で行う
9. 5～8を繰り返す

　基本の流れがあると、次に何をすべきか、教師も子どもも安心して考えられる。

3．子ども達は、動きのポイントができているか、どんどん話してよい
　上記の授業の流れ7のときには、「⑪演技指導」でも述べたように、その技に含まれている原理原則を指導する。一時に一事の原理原則（＝話す視点）を与え、そのことについて、子ども同士で「できている」「この部分をこうすべきだ」ということを話しあわせる。特に、腕の位置や、体の傾きなど、気づきにくいポイントは、積極的に話をさせる。

4．真剣さを持続するために①「息を止める」
　ピラミッドの動きなど、体に力を入れるときは、息を止めて浅く呼吸させる。また、グループで演技しているときに、そろって息を止めるのに、声をかけて動くようにする。

　「力を入れるときには、しゃべらず、しっかり息を止めます。話していると力が入らず揺れて、上の人が落ちることがあります。乗っている人は、こわい思いに耐えて頑張っています。下になる人は、重みに耐えて頑張っています。どちらの人も、頑張っているのだから、耐えられることは、黙ってしっかりがまんします。」

準備物　技の一覧

滋賀県大津市立堅田小学校
東郷　晃

5．真剣さを持続するために② 「気をつけ」

> 「気をつけ」は動かないという表現である。

「気をつけ」の最初の指導は、「中指をピーンと伸ばしなさい」から始める。
　そして、視線をしっかり斜め上に上げさせる。最初は、短い時間でよいので、しっかり集中させる。毎時間、そして毎回子どもを動かす前に、休めから「気をつけ」を行って、真剣に取り組めるようにする。

　運動会の学習を通して、自分自身に誇りを持って「気をつけ」ができるよう、ずっとほめ、励ましていく。美しさは、教師のほめた数に比例する。「気をつけ」の指導は、組体操で最難関である。それは、

> 子ども自身が、「真剣に気をつけをしたい」と思わなければ、必ず隙のある「気をつけ」になる。

からである。
　組体操は、ただ美しく技を見せることが学習の本質ではない。学習を通して、困難に立ち向かえる強さを身につけていくからこそ、感動を生むのである。仲間を大切にする態度を身につけていくからこそ、運動会が終わった後にも、集団としての高まりを持続できるのである。
　そういった自分自身になれているかを、自分に問い続けるために、しっかりと一点を見つめて微動だにしない「気をつけ」に、挑戦するのである。

> 〈アクティブ・ラーニング発想〉組体操の学習は、3人技からスタートする
> 　組体操の楽しさのひとつは、友達と協力して、技を達成できたときの喜びである。その楽しさを、できるだけ早く子ども達に感じさせていきたい。また、3人技では、他の技に応用する原則が多い（3人ピラミッドと6人ピラミッドなど）。子ども同士の対話を加速するためにも、3人技から指導するのがおすすめである。

> 〈トラブルマニュアル〉
> ○変化のある繰り返しで、マンネリ化を防ぐ
> 　授業のシステムを重視するあまり、単調な繰り返しを行ってはならない。
> 　× もう一度しましょう。　△ 念のためもう一度。　○ 〜だから、もう一度。
> 【通すときのバリエーション】①全員で　②男子・女子で　③〜組で　④列で（縦・横）など
> ○1時間の中で、完璧を求めない
> 　組体操の技は、できたかどうかが、教師にははっきり分かる。だが、一連の流れをすぐに覚えられる子もいるが、苦手な子もいる。その1時間だけで完璧を求めず、繰り返して、できるようにする。その場でできるようにすること（点の指導）と、何時間かけてできるようにすること（線の指導）を明確に分けて指導していく。

① 4・5・6年生

応援団の目的・ねらい

応援団は運動会を盛り上げる重要な役割を持っています。応援団だけでなく、全校児童が応援団と一緒に盛り上がると、運動会は忘れられない思い出の1ページとなります。

〈応援の種類〉

応援には、次の3つの種類がある。

①カッコイイ応援……………「エール」「三三七拍子」「コンバットマーチ」等
②面白い応援…………………「かに踊り」「いか踊り」「こんぶ踊り」「うに踊り」等
③全児童が参加できる応援……「運動会の歌」「ウェーブ」「○○の色は！」等

〈場づくり〉

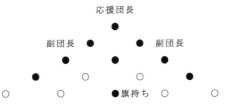

〈指導のポイント〉

応援団は、「あこがれの存在」にならなければならない。低・中学年の子ども達が、高学年の応援団の子ども達を見る。「僕も私もあれをやってみたい」と思えるような応援団を作りたい。応援団を盛り上げるコツは、以下の10点である。

①「カッコイイ応援」を用意する。……「エール」「三三七拍子」「コンバットマーチ」。
②「面白い応援」を用意する。…………「かに踊り」「うに踊り」「たこ踊り」等。
③「全員参加できる応援」を用意する。…「ウェーブ」「運動会の歌・ゴー、ゴー、ゴー」。
④対決形式にする。……………………「かに踊り」VS「うに踊り」。
⑤判定の基準は、声の大きさ。…………保護者も巻き込む判定基準。
⑥応援合戦の判定は、引き分けに。……判定は、応援担当の先生のさじ加減。
⑦応援団長は、複数でも可。……………団長の意欲を大切に。交代制に。
⑧応援団旗を用意する。…………………団旗で、みんなの心を一つにする。
⑨太鼓でリズミカルで、カッコよく。……太鼓で応援を引き締める。
⑩最後は、「コンバットマーチ」で。………迫力ある「コンバットマーチ」。

指導時間　20分
準備物　昨年度の応援合戦のビデオ

福岡県北九州市立若松中央小学校
小田原誠一

〈事前準備・アクティブ・ラーニング発想〉
○昨年度の運動会の応援合戦や他のスポーツにおいての応援のビデオがあれば見せて、応援のおかげで頑張れることに気づかせる。
○運動会の応援は、練習時間が少ないので、どんな応援の仕方があるのか、教師の方から知らせておく。例「カッコイイ応援」と「面白い応援」と「全児童が参加できる応援」等
○「面白い応援」は、子ども達で考えて作っていくことを前もって知らせておく。

〈トラブルマニュアル〉
○応援団の希望者が少ない→「カッコイイ応援」や「面白い応援」を見せて、簡単に誰でもできることを知らせる。
○応援団の練習は、いつするの？→5・6年生が、昼休みに体育館に集合して練習する。
○なぜ、応援するの？→①応援してもらえると、最後まで頑張れる。②応援すると、自分のことのように喜んだり、悔しがったりできる。
○いつ応援するの？→応援合戦の時と種目と種目の間の時間に応援する。

〈この競技でつく力・教科との関連〉
①礼儀正しさ
　応援団は、まず、気持ちのよい挨拶をすること。また、背筋をピンと伸ばして姿勢よく立ち振る舞う。
②弱いものを助ける
　応援団は、ピンチの時こそ、必要なものである。声援を送って、元気にさせるのが応援団である。
③応援団旗は、心を一つにするもの
　応援団旗に書いてある「優勝」や「必勝」の文字は、子ども達がめざすもの。心を一つに団結して、みんなが力を結集させていく力を持っている。

②4・5・6年生
応援団長の決め方

　応援団長は、応援団の花形です。6年生の出番です。最高学年を代表する立派な姿で、応援してほしいです。では、どうやって選出していけばいいのでしょうか。

〈応援団長の条件〉
①カッコイイ応援である「エール」「三三七拍子」「コンバットマーチ」がうまいこと。
②声が大きいこと。
③男女どちらでもよい。
④応援団長は、1人でなくてもよい。（複数でも可）

〈応援団長選出方法〉
①まず、カッコイイ応援である「エール」「三三七拍子」を6年生に教える。
②応援団長になりたい子どもに、土日で練習してきて、月曜日の試験に合格した者が二次試験の「声出し」に進むことができることを知らせる。
③月曜日の一次試験に不合格した者の中で、惜しかった者は、再試験を翌日に実施する。
④火曜日は、二次試験の「声出し」、昼休みの運動場で実施する。運動場の一番体育館から遠い所で「エール」をさせ、その声が体育館まで聞こえたら合格とする。昼休みの運動場なので、当然全校児童が遊んでいる状態である。
⑤応援団長は、1人とは限らないので、赤2人、白3人となってもよい。
⑥複数になった場合は、それぞれの応援合戦の種目の中で、誰が中心となってやるかを決めさせるとよい。

〈指導のポイント〉
①応援団長は、基本、「本人のやる気」があるかどうかが一番大切である。
②惜しくも応援団長になれなかった子どもには、「副団長」というポジションを用意し、団長の補佐をするようにさせる。
③応援団長には、練習計画や応援団の配置、「面白い応援」の決定や新しい「面白い応援」の開発などの権限を与えるようにする。
④来年度の応援団のことも考えて、5年生の「副団長」も「団長」と同じ選出方法で決めておく。
⑤応援団長に緊張感を持たせるために、団長交代もあることを告げておく。

指導時間　20分
準備物　応援団長用の長い鉢巻

福岡県北九州市立若松中央小学校
小田原誠一

〈事前準備・アクティブ・ラーニング発想〉

○もう一つ団長選出方法を考えさせてみると、応援団長がどんな人がいいのか、より一層はっきりする。
○応援団長は、運動会本番、右の写真のように長い鉢巻をすることを子ども達に伝えておく。
○応援団長として、どんな仕事があるか考えさせておくと、自分から動き出す。

〈トラブルマニュアル〉

○応援団長の希望者がいない。→すぐに決めなくても、練習が進むと、自信が出てきて、応援団長になってみたくなる。
○応援団長が仕事をしない。→そのために、複数の団長がいる。いない場合は、副団長がいるので、団長に昇格させることもできる。
○応援団長の言うことを聞かない。→下級生や同級生が言うことを聞かない時は、教師が話をする。（練習時間が短いため）即座に対応。

〈この競技でつく力・教科との関連〉

①**責任感**

最後まで応援団長として、みんなをまとめることができたら、大いにほめてあげたい。

②**リーダー性**

応援団長として、2週間の練習を全うできたら、その後の学校生活でもよきリーダーとして、学校を引っ張っていける。

③**礼儀正しさ**

団長がまず礼儀正しく挨拶をするため、みんなの手本となる。

③4・5・6年生
応援団のシナリオ

　応援団の練習は、約2週間。どのような日程で指導していけばいいのでしょう。
また、運動会の名物、応援合戦。どのようなメニューがよいのでしょうか。

〈応援団の練習日程〉

　運動会の練習は、約2週間。応援団の練習は、昼休みの時間。
　応援団長の選出のための練習をさせるため、金曜日から開始する。

【1週目】

金曜日　エールと三三七拍子を教える
月曜日　応援団長の一次試験声出し
火曜日　応援団長の二次試験声出し
水曜日　コンバットマーチを教える
木・金曜日　エール・三三七拍子・
　　　　　　コンバットマーチの練習

【2週目】

月曜日　面白い応援を教える
火曜日　ウェーブと○○の色は！を教える
水曜日　運動会の歌
木曜日　通し練習　鉢巻・笛・手袋配布
金曜日　最終通し練習

〈応援合戦のメニュー〉

①入場
②エールの交換　　　　　　　　カッコイイ応援
③三三七拍子　　　　　　　　　カッコイイ応援
④四組対抗（赤白の応援の判定をする）　面白い応援
　　1回戦　ペンギン踊り　VS　いか踊り
　　2回戦　こんぶ踊り　　VS　クラゲ踊り
　　3回戦　えび踊り　　　VS　たこ踊り
　　4回戦　かに踊り　　　VS　うに踊り
⑤ウェーブ（応援団旗を持って運動場半周、控え席の児童参加）全児童参加応援
⑥運動会の歌（全校合唱）全児童参加応援
⑦○○の色は！（ご存じ、お弁当の中に入っている梅干しの色は！）
　全児童参加応援
⑧コンバットマーチ（根本正雄氏絶賛、「これは、表現運動だ。」）
　カッコイイ応援
⑨退場

　応援合戦を盛り上げるには、「カッコイイ応援」→「面白い応援」→「全児童参加応援」→「カッコイイ応援」の順に組み立てるとよい。

指導時間　20分

福岡県北九州市立若松中央小学校
小田原誠一

〈事前準備・アクティブ・ラーニング発想〉
○応援団のシナリオは、あくまでも計画であるに過ぎない。子ども達の意欲や練習状況を見ながら、柔軟に対応していく。
○応援合戦のメニューにおいても、子ども達が自分達でダンスを考えてきた時には、柔軟に対応していく。間延びしないように30秒程度と時間を制限すること。
○昨年度の応援合戦のビデオがあれば、練習に入る前に子ども達に見せて見通しを持たせておくことが大切である。
○「○○の色は！」の応援では、「お弁当に入っている梅干しの色は！」と例示し、子ども達に「○○」の部分を考えさせていく。
○「運動会の歌」は、給食時間の放送を利用して、全児童が歌えるように歌詞を配布して、練習させておく。
○「ウェーブ」は、運動会の全体練習において、全児童に動き（応援旗が応援席の前を通過したら両手を上げて立ち上がる）を教えていく。

〈トラブルマニュアル〉
○5年生がなかなかできない→6年生に先に教えているので、6年生から5年生に教えるようにしていく。
○練習が中だるみしてきた→応援団の命である「鉢巻・笛・手袋」を一生懸命頑張っている子どもにだけ与える。子ども達の練習に緊張感が走る。

〈この競技でつく力・教科との関連〉
①計画力
　練習の全体計画が見通せると、細かい練習の計画を立てることができるようになる。
②一生懸命に取り組む力
　最初から最後まで真面目に取り組むことの大切さを学んでほしい。できなくても一生懸命することが大切であることを教えていきたい。

うに踊り

④4・5・6年生

2週間で完成する「応援合戦のシナリオ」

応援合戦は運動会の花形。全校が一体となって運動会が盛り上がれば、団員は充実感を味わい自信も高まります。他の児童は応援団への憧れを抱き、やがてそれは学校の伝統にもなっていきます。必ず成功させるために、内容や時間に余裕をもたせたシナリオが必要です。

〈シナリオを考える条件を整理しよう〉

①準備期間は？　例：2週間
②予行演習は？　例：練習開始10日後
③練習時間は？　例：昼休みの15分間
④応援団の構成は？　例：高学年有志
　　　　　　　　　　応援団とチアリーダー
⑤指導教師は？　例：2名
⑥応援合戦の時間は？　例：15分間×1回
⑦勤務校恒例のシナリオは？　例：ない
⑧勤務校恒例の応援歌は？　例：ある
⑨衣装、笛、太鼓などの道具は？　例：使う

1．シナリオの大枠を決める

練習できるのは、15分×10回。

1回目は、方針や役割を決め大枠を確認する。本格的に練習できるのは、2回目以降。予行演習までに、7回前後の練習で仕上げることになる。

教師の分担も決めておく。「赤組担当または白組担当」あるいは「応援団担当またはチアリーダー担当」という分担になる。いずれにせよ、1人の教師が2つのグループを並行して指導することになる。

これらを考慮すると、右上の表のような大枠が考えられる。

〈シナリオの大枠〉

	内容	時間(分)
①	入場	0.5
②	エールの交換	3
③	赤組の応援	4
④	白組の応援	4
⑤	応援歌	3
⑥	退場	0.5

2．応援の組立を決める

応援団担当になったら、まず、前年度までの応援合戦のシナリオを生かすことを考えよう。練習時間が短縮でき、子どもの負担も少ない。応援の完成度も高くなり、次年度の運動会にも生かされることになる。

「シナリオの大枠」の、①②⑤⑥は、大きな変更は必要ない。③赤組の応援、④白組

愛媛県今治市立宮窪小学校
伊藤篤志

の応援の中でそろえる部分と違える部分を考えればよい。

②エールの交換で「フレフレコール」、③④の前半の応援では「三三七拍子」を使う。定番のリズムなので、声もよく出る。

後半は、オリジナルコールを作る。

<③④赤白の応援　組立例>

	赤組	白組
前半	三三七拍子	三三七拍子
︙	︙	︙
後半	ファイト拍子	レッツゴー拍子

〈アクティブ・ラーニング発想〉
〇子ども達が発想力を生かして、オリジナルコールを作る。
〇教師が、いくつか例を提示する。そこから選択したものをひな形にして、その年の流行なども取り入れながらオリジナルコールを作り上げていく。

3．応援合戦のシナリオの例

4．参考

教育ポータルサイト　TOSSランド　http://www.tos-land.net/　「応援団」で検索
1　応援団イラスト入手先　→　いらすとや　http://www.irasutoya.com/
2　応援団シナリオ　　　　→　今治市立宮窪小学校作成

⑤ 4・5・6年生
カッコイイ応援

「カッコイイ応援」を見ると、自分もやってみたくなります。低・中学年の子ども達も人のために応援するその姿に「憧れ」を持ちます。

1 「エール」……応援団長が運動場に響く声で、エールを交換する。
2 「三三七拍子」……太鼓の音とかけ声に合わせて、きびきびとした動きで披露する。

①チャ　②チャ　③チャ　④チャ　⑤チャ
⑥チャ　⑦チャ　⑧チャ　⑨チャ　⑩チャ
⑪チャ　⑫チャ　⑬チャ

この一連の動作を正面→右→正面→左→正面と繰り返す。

3 「コンバットマーチ」……太鼓とコンバットマーチの曲に合わせて、披露する。

①　②　③　④　⑤　⑥　⑦
⑧　⑨　⑩　⑪　⑫　⑬

指導時間　20分
準備物　笛　鉢巻　手袋　和太鼓

福岡県北九州市立若松中央小学校
小田原誠一

Ⅲ　カッコイイ・大声援の上がる応援団指導編

〈事前準備・アクティブ・ラーニング発想〉
○コンバットマーチの基本型をまず先に6年生に教える。
○6年生→5年生へコンバットマーチの動きを教えさせると、休み時間に自ら教えるようになる。
○盛り上げるために、どこで「かけ声」を入れたらいいかを考えさせる。

〈トラブルマニュアル〉
○「エール」の声に迫力がない。→「フレー」の語尾の声「エ」を上げるように指示する。
○「三三七拍子」の動きがだらしない。→前に突き出した腕が下がっていないか確認する。笛の音が「ピッ」と短く切れているか確認する。
○「コンバットマーチ」の動きをもっとカッコよくしたい。→腕を回す時に上の写真のように、体を後ろに反るようにさせる。
○応援合戦をカッコよく終わりたい。→「コンバットマーチ」を一番最後にもってくる。終わったら、すぐに団長のかけ声で撤収させる。

〈この競技でつく力・教科との関連〉
①自己肯定感
　「自分もやればここまでできる」という自信が、他の学習への意欲につながっていく。
②最高学年としての自覚
　6年生として、自分達が運動会を牽引しているという自覚を持つことができる。

⑥ 4・5・6年生
面白い応援

「面白い応援」を見ると、自分もやってみたくなります。低・中学年の子ども達も簡単なので応援席で一緒に応援する姿が見られ、「ワッショイ」の声も大きくなります。

【面白い応援の基本型】

両手を下げながら回転させ、頭の上でクロスさせる。

①ペンギン踊り……基本型から両手をピンと立てて横に跳びながら。

「ワッショイ、ワッショイ、ワッショイショイ」と、言いながら左横に跳び、同じように右横に跳んで元の位置に戻る。

②いか踊り……基本型から両手を頭の上で三角に開き、クロスさせ横に跳びながら。

③こんぶ踊り……基本型から横を向き、その場で体をこんぶの様にくねらせながら。

④たこ踊り……両手をくねらせながら。

⑤えび踊り……後ろに跳びながら。

指導時間　20分

福岡県北九州市立若松中央小学校
小田原誠一

〈事前準備・アクティブ・ラーニング発想〉
○動きの基本型を決める。
○かけ声は、「ワッショイ、ワッショイ、ワッショイショイ」に統一する。
○基本型の「続きの動き」を考えさせる。
○うに踊り・かに踊り・クラゲ踊り等、「名前」から動きを連想させるのも面白い。

〈トラブルマニュアル〉
○紅白で踊りがかぶったらどうする？→「面白い応援」を２つに分けて、応援団長にじゃんけんで選ばせる。
○盛り上がらない時はどうする？→紅白で対決方式にする。ペンギン踊りVSいか踊りとして、応援の声が大きい方が勝ちとする。応援の声は、応援席の子ども達の声のこと。そうすれば、応援合戦が自然と盛り上がる。４回戦行い、引き分けにする。

〈この競技でつく力・教科との関連〉
①**創造力**
　みんなが応援を楽しめるように、面白い踊りの動きを考える。
②**チームでの協力**
　紅白に分かれて、全員で動きやかけ声をそろえ、協力する態度が育つ。

⑦ 4・5・6年生
全児童を参加させる応援

応援合戦を盛り上げるには、全児童を参加させる応援が必要になります。
では、どんな応援をすれば盛り上がるのだろうか。

〈ウェーブ〉

応援旗を持った応援団がそれぞれの応援席の前を走っていく。応援席に座っている全児童は、自分の前に応援旗が来たら、両手を上げて立ち上がり、ウェーブを作っていく。

〈運動会の歌〉

「運動会の歌」は、「♪赤、赤、赤、ゴー、ゴー、ゴー」のあの有名な曲である。
全校での練習は、給食時間の放送で、歌詞を配布して練習させておく。
応援団は、リズムに合わせて、両手を前に出したり、横に広げたりしながら動かしていく。

〈○○の色は！〉

「○○の色は！」を言うのは、応援団長と副団長。
赤に関すること、白に関することを探して、「空に浮かぶ雲の色は〜！」と言いながら、右手のこぶしを突き上げ、応援席の白組の全児童が太鼓の音と共に「白！」と叫ぶ。
赤と白が交互に言い合いをして、だんだん言う間隔を短くしていきながら、盛り上げていく。

〈指導のポイント〉

①全児童を参加させるため、運動会の全体練習の中で動きを確認していく。
②全体練習では、どの「タイミング」で、どんな「かけ声」をかけるのか、どんな「動き」をするのかを明確に伝えていく。
③応援合戦は、見るだけではなく、全児童を参加させることで、より一層盛り上げていくが、「タイミング」や「かけ声」「動き」は、同じものに統一しておく。
④「動きたくなる」タイミング、「言いやすい」かけ声、「簡単な」動きにする。

指導時間　20分	福岡県北九州市立若松中央小学校
準備物　応援旗	小田原誠一

〈事前準備・アクティブ・ラーニング発想〉

- 応援団の団旗は、教師が書いてもいいが、6年生の子ども達にデザインを考えさせてみることもできる。
- 運動会の歌は、替え歌にする学校をよく見かけるが、変える箇所は歌の一部にすることをお勧めする。そうしなければ、全校児童が覚えられないので、歌えない。

〈トラブルマニュアル〉

- 「○○の色は！」の声が小さい。→運動場の真ん中で言うので、体育館で練習する時から最高の声で練習させておかないと聞こえない。できれば、教師が手本を示してあげるのがよい。
- 「運動会の歌」が盛り上がらない→一番の歌が終わったら、間奏の時に「赤の声が、素晴らしい。白は、どうか！」と、二番を歌う白にプレッシャーをかけ、三番の前には、「さて、赤白どちらの声が素晴らしいか！」と声をかければ、一気に応援席の声は盛り上がる。

〈この競技でつく力・教科との関連〉

①みんなでやることは楽しい

運動会では、全校児童でやることは、開会式と閉会式と準備運動とこの応援合戦。

思い切り楽しめるのは、応援合戦だけである。

②みんなで応援することは楽しい

運動会は、全児童が全児童の一生懸命頑張る姿を見る貴重な機会である。

その時に、自分ではなく、人の頑張りを応援することを楽しんでほしい。

⑧4・5・6年生
身につけるモノ、鳴らすモノ、見せるモノ

　応援団は、小道具を工夫すると、応援がカッコよくなり、見栄えがするようになります。それは、「身につけるモノ、鳴らすモノ、見せるモノ」をどう使うか、その組み合わせで異なってきます。主に、応援団長や6年生のリーダー達が使うもの、同じ色団の全員が使ったら盛り上がるものがあります。そういった小道具や作り方、使い方を紹介します。

　応援に使う小道具を「1　身につけるモノ」「2　鳴らすモノ」「3　見せるモノ」に分けて詳述する。

1　身につけるモノ
　次の3つは、団長や副団長、または6年生の応援リーダー達のシンボルである。
（1）ロングハチマキ
　団長と副団長がつける。幅6〜10cm×長さ400cmのものがある。すぐに頭に巻けるように、そのままの大きさで他の細いひもで固定しておくとよい。腰のあたりまで垂れる長さにしておくと、カッコよく見える。
（2）大型カラービニール袋
　右図のように、首と両腕が出る部分を切ると、色団ウェアができる。マジックで文字やイラストを描いたり、色紙やビニールテープを貼ったりして、団のオリジナル度を高める。

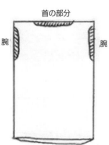

（3）カラー軍手
　応援リーダー達が使って、動きをそろえると見栄えがする。

2　鳴らすモノ
（1）笛
　主に団長が使う応援用の必携小道具。「ピッピッピッ」と短い吹き方で、手拍子等のリズムをとる。「ピィー」と長く吹いて拍手を促す指示をする。

（2）パフパフラッパ、タンバリン
　応援のあいの手を入れたり、ユーモアを出す演出に使ったりする。複数のタンバリンを拍手に合わせて使うと、盛り上がる。

（3）ペットボトル

団員全員が持って、音が揃うと大きな音で応援が盛り上がる。
① 空の500mlのペットボトルの中に小石を10個入れる。それを振ると音が出る。振る音が揃うと、カッコいい。
② 空のペットボトルを、木の棒でたたく。2Lサイズでは、太い木の棒でたたくと、太鼓の代わりになる。
③ 片方に空の500mlのペットボトルを持って、もう片方の掌で打っても、音が出る。

（4）空のスティール缶かアルミ缶

ペットボトルと同様に小石を10個入れて、飲み口をセロテープでふさいでおく。振ると、金属音が出る。

3 見せるモノ

（1）ポンポン（スズランテープを100円ショップで買う）

女子が応援コールの時や応援歌に合わせた振り付け時に使う。色団全員が小さいポンポンを作って、色団全員が持って応援に合わせて使うと動きが目立つ。

① 机に巻く　　② 中央を縛る　　③ 両側を切る　　④ 細く裂く

① 机の縦（約40cm）に30回ほど巻く。
① 中央を短いスズランテープで縛る。
② 両側をはさみで切る。
③ 一本ずつ3～5つに裂いていく。細く裂いていくほど、ふわふわ感が出てくる。色は赤白青黄色をはじめ14色あり、光沢感があるホログラムのものもある。

（2）うちわ・小旗

家にあるうちわをもってくる。色団と同じ色の色画用紙か色紙を貼る。その上から、「優勝」「頑張れ」などの文字を太いマジックで書く。

割りばしと色画用紙で作った小旗を全員が使って、振り付けに使うと見栄えがする。また、全員が色団帽子やハチマキを大きく動かすとカッコよい。

⑨ 4・5・6年生

応援のコスチューム・衣装の工夫

　応援団は、憧れの存在でなければなりません。ちょっぴり違う衣装を身に着けるだけでそれは可能になります。応援団員の声や態度はもちろんそうですが、それを作りあげることができる一つのアイテムとして衣装は欠かせません。

1　ハチマキの工夫
(1) 応援団のハチマキは長く

　ちょっぴり違うポイントの1つ目として、ハチマキの長さを変えるという方法がある。通常のハチマキの長さは110cmほどであるが、応援団用のハチマキということで300cmのものを教材屋さんで販売している。300cmは、身長155cmくらいの子どもであれば、結んだときに膝くらいの長さになる。ハチマキの長さによっては、150cmや200cmのものもあるので、長・中・短の3種類くらいがあればベストである。学年があがるごとに長いハチマキを使わせていく。

　長さを変えることで、「6年生になった時には、あの長いハチマキをしてみたい！」と憧れを抱く子がいる。ちょっとのことなのだが、この工夫が応援団希望者の増加にもつながる。

(2) ハチマキに思いを書かせる

　ちょっぴり違うポイントの2つ目として、「ハチマキ」に油性ペンで名前と感想を書かせる方法がある。感想書きを毎年行うことで、応援団の伝統ができ上がってくる。普通のハチマキよりもずっしりと重みのあるハチマキに、子ども達は憧れるのだ。代々引き継がれるハチマキを手に取り身に着けることで、ぴりっと引き締まった応援団になる。

2　衣装の工夫
(1) 応援団の士気を高める衣装

　応援団の衣装と言えば

> ①はかま
> ②学ラン
> ③セーラー服（Tシャツにスカートだけでもカッコイイ）

　購入となると、学校の予算の関係もあり難しい。業者からレンタルをしたり、先生方から借りたりするということも考えられるが、それでも用意できなかった場合は、管理職と相談して呼びかけを行う。
　次のような文章で呼びかけると良いだろう。

青森県野辺地町立野辺地小学校
甲地潮吏

```
                  運動会衣装の借用依頼
                        ○○小学校校長      ○○　○○
                        運動会応援担当      甲地　潮吏

　初秋の候　皆様には日頃から、本校の教育活動にご理解とご支援を賜り、誠にありがとうございます。
　さて、まだ猛暑が続く中、本校では運動会に向けての練習が始まりました。
　本年度の運動会では、児童の主体性を育む一環といたしまして、応援団の活性化を計画しております。
　そこで、大変恐縮ではありますが、保護者の皆様で、着古された学生服や、セーラー服をお持ちでしたら、運動会前後の1週間、制服を拝借することはできますでしょうか。
　拝借できるようでしたら、下記の切り取り線以下にご記入いただき、担任または応援担当の甲地までご提出ください。
　なお、グラウンドで使用させていただきますので、使用の際、児童には十分指導いたしますが、もしも傷ついてしまった場合は、ご容赦くださいませ。
------------------------------------切り取り------------------------------------
お名前（　　　　　　　　　　　　　　　）
学生服（　　　　）着　　　　サイズ（　　　　　　）
セーラー服（　　　　）着　　サイズ（　　　　　　）
連絡先お電話番号（　　　　　　　　　　　）
クリーニングを希望（　　　する　　・　　しない　　）
その他（　　　　　　　　　　　　　　　　　　　　　　　　　）
```

（2）使用のルールを決める

　衣装が準備できたら子ども達に衣装を渡す。普段とは違う衣装に子ども達の心は躍る。その時に忘れてはいけないのは、

> ルールを決めて渡す

ということである。例えば、「全校練習と本番の時にだけ着る」「美しくたたみ、もとの場所へしまう」といったルールである。
　ハチマキを渡す時も全く同じである。衣装はあくまでも応援の補助であり、応援団は主役ではなく盛り上げ役であるということを念頭に置き、節度ある応援を行いたい。
【参考・引用文献】根本正雄編『応援団指導のすべて　てんこ盛り事典』明治図書

IV 運動会を盛り上げる環境準備編

1 大会スローガンの選び方

共通の目標となる大会スローガンを作る

　運動会を盛り上げるためには、共通の目標となる大会スローガンが必要です。共通の目標を作ることで、児童の意識を高め、児童を主体とした運動会となります。

　目標となる大会スローガンを選び、準備段階から大会スローガンに向かって取り組むようにします。そうすることで大会スローガンを合い言葉にして練習も盛り上がっていきます。

1 大会スローガンを選ぶまでの順序

　大会スローガンは児童会が中心になって選び、決定していく。

①児童会から、代表委員会で大会スローガン募集の提案をする。
②各学級で大会スローガンを話し合う。
③児童会で各学級の大会スローガンを集約する。
④児童会で大会スローガンを決定する。
⑤児童会・体育委員会が中心となって、校内放送・ポスター等で大会スローガンを広める。

2 大会スローガンを選ぶまでのスケジュール

　5月下旬に運動会が行われる場合、新年度始まってすぐ4月の職員会で運動会の提案を行う「児童にどんな力をつけるのか。」「どんな運動会にするのか。」職員間で共通理解をしておく。

　9月に運動会が行われる場合は、1学期に提案を行い、新学期が始まったらすぐに行動ができるようにしておく。

　9月末に開催の場合、大会スローガンを選ぶまでのスケジュールは、右のようになる。もちろん、1学期中に先生方とはスケジュールの確認をし、運動会の練習開始までに大会スローガンを選び、決定している状態にしておく。新学期に突然提案をして、学期始めの貴重な時期に先生方に迷惑をかけるようなことがないようにする。

　以上のようなスケジュールで大会スローガンを選ぶことにより、大会スローガンを合い言葉にして練習も盛り上がっていく。

日	曜日	学校行事
1日	月	始業式
2日	火	給食開始
3日	水	代表委員会　大会スローガン募集 (①)
4日	木	各学級での話し合い (②)
5日	金	
6日	土	
7日	日	
8日	月	大会スローガンの集約・決定 (③④)
9日	火	校内放送・ポスター等で大会スローガンを広める (⑤) ※運動会当日まで続ける。
10日	水	
11日	木	
12日	金	
13日	土	
14日	日	
15日	月	運動会2週間前　練習開始

3 心に残る大会スローガン　選び方のポイント

1年生が分かる。1年生が言える。1年生が覚えることができる。

　1年生が分かる、言える、覚えることができる大会スローガンであれば、「今年の運動会の大会スローガンは何ですか。」と聞かれたときに、だれもがすぐに言える。

型としては、以下のものなどがある。
(1) 呼びかけ型
「○○しよう！」「○○目指せ！」など、語尾が呼びかけるような言葉で終わっているものである。

- 心を一つに力のかぎり頑張ろう！
- 力を合わせて勝利を目指せ！
- 勝利を目指して燃え上がれ！

(2) 体言止め型
語尾が「運動会」のように体言止めで終わっているものである。語尾は「運動会」「○組」「○○小っ子」などにするとよい。

- 全員ヒーロー！　みんなが輝く運動会
- 燃えろ紅組！　輝け白組！
- 最後まで心を一つに○○小っ子

(2) 漢字・四字熟語型
漢字一文字や、四字熟語でズバリ一言で大会スローガンを言い表したものである。この場合、サブタイトルをつけるのもよい。

- 絆〜自分を信じて仲間を信じて〜
- 一生懸命〜目指せ！　最高の勝利を〜
- 全力疾走〜もてる力を出しきって〜

4　大会スローガン掲示のポイント

はっきり、くっきり。誰もが目にする。何度も目にする、耳にする。

　大会スローガンは、全校児童共通の目標となるものである。そのため、「はっきり、くっきり」とした文字で、誰もが目にすることができるものでなければならない。また、校舎内にポスターを貼る、給食時間などに毎日校内放送をするなど、何度も目にしたり、耳にしたりする工夫が必要である。
　当日の掲示場所は、入場門や校舎の窓など誰もが目にすることができる場所にする。学校の事情によっては、入場門に掲示できるのは当日だけというところもあるだろう。校舎の窓は、大会スローガンを貼らせていただく教室に協力してもらい、練習開始から当日まで掲示することも可能である。

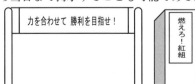
入場門の柱が細い場合は横断幕で

入場門に幅があるときは入場門に直接

教室の窓に大きく掲示

2 入場門の作り方

会場図と記録写真をまとめたファイルを作成する

　入場門は、多くの学校で毎年同じ場所に作ります。毎年同じように繰り返される仕事ですから、できるだけ短時間で仕事をしたいものです。そして、空いた時間を子ども達の指導に使いたいものです。そのコツを紹介します。

〈入場門を作るコツ〉
①会場図を作成し、事前に配付する
②安全に配慮する
②記録写真を撮り、ファイルをつくる

①会場図を作成し、事前に配付する

　入場門の位置を入れた会場図を作成し、職員全員に配付する。
　会場図を全員で共有することが大切である。こうすることで、会場づくりの際に、運動会担当のところに質問が集中することを防ぐことができる。
　会場図を作成する際のポイントは、必要な数値を記入しておくことである。数値が記録として残っていることで、不都合があった場合、次年度に改善する際の参考となる。
　以下は、勤務校の会場図である。

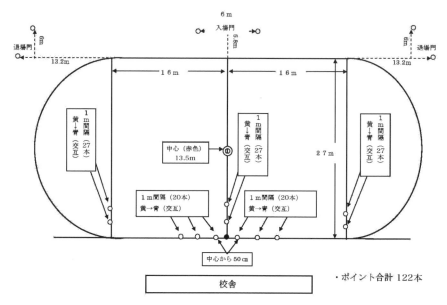

②安全に配慮する

　入場門を作る際は、杭を地面に打ち、杭に入場門の足をタフロープ等でしばって固定する。

　このとき、杭が入場門の足の内側に入るように打つことが、大切である。こうすることで、児童が杭に触れて起こるけがを防ぐことができる。

　杭を打つ時のポイントは、真っすぐに打つことである。斜めになっていると、入場門をしっかりと固定することができない。また、杭の素材がアルミの場合は、杭が曲がってしまうことがある。

③記録写真を撮り、ファイルをつくる

　入場門を作った後は、必ず記録写真を撮っておく。

　このとき、会場のどの位置に入場門を固定したのか分かるように記録写真を撮ることが大切である。こうすることで、次年度に入場門を作る際に、一目で大体の位置を確認することができる。位置は、会場図で確認することもできるが、やはり記録写真があると分かりやすい。

　記録写真を撮る際のポイントは、遠景から撮ることである。近景から撮ると、入場門の大体の位置が分からない。一番よいのは、会場の中にある何か目印となるものを含めて撮ることである。

　撮った写真は、ファイルにまとめ次年度に引き継ぐ。このファイルは、運動会の会場に関する写真をまとめたファイルである。可能ならば、同じものが複数あるとよい。実際に会場を作る際は、担当がそれぞれの場所に分かれて会場設営をすることになる。ファイルが複数あると、それぞれの場所で記録写真で確認しながら会場設営をすすめることができる。

3 得点板の作り方

簡単！長持ち！運動会得点板の作り方

運動会の得点板。勝負の行方を確認するために欠かせないものです。

年に１回しか使わないものの、一度作れば長い間使うことになります。耐久性が重要です。とは言え、凝ったものを作るとなると大変。

そこで、簡単で耐久性に優れた得点板の作り方を紹介します。

〈簡単！　長持ち！な得点板の作り方〉
① 「組み立てない」がベター
② すぐできちゃう！　簡単な作り方

---

① 「組み立てない」がベター

運動会の得点板は様々な種類がある。改めて作る時には、３つのポイントを押さえてあるものがよい。

- 作る時間が短時間で済むもの
- 材料が安いもの
- 壊れにくく、修理しやすいもの

そこで、おススメなのが、

フック式得点板

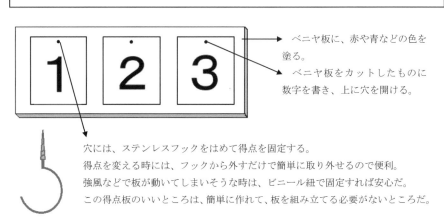

ベニヤ板に、赤や青などの色を塗る。

ベニヤ板をカットしたものに数字を書き、上に穴を開ける。

穴には、ステンレスフックをはめて得点を固定する。
得点を変える時には、フックから外すだけで簡単に取り外せるので便利。
強風などで板が動いてしまいそうな時は、ビニール紐で固定すれば安心だ。
この得点板のいいところは、簡単に作れて、板を組み立てる必要がないところだ。

この他にも、得点板にはいろいろな種類がある。
あ：板で組み立てて位ごとに仕切りがしてあり、得点を差し込むタイプ
い：数字を表裏でひっくり返して得点を変えるタイプ

「あ」は、枠組みを組み立てるのに、時間がかかる。「い」は、マグネット式だと耐久性に弱く、材料費も多くかかってしまう。修理する時も大変だ。
　フック式は、板を切って穴を開け、フックを差し込むだけで完成する。早く、安く修理も簡単にできる。

②すぐできちゃう！　簡単な作り方
（1）ホームセンター等で、次のものを購入する。
A　ベニヤ板×必要数（500mm × 900mm × 20mm 程度）……土台となる板です。
B　ベニヤ板×必要数（300mm × 450mm × 20mm 程度）……得点用の板です。
C　ペンキ×必要数……赤青黄など必要な色と得点を書くための黒が必要です。
D　ステンレスフック×必要数……得点を引っ掛けるためのフックです。
　　学校によって違いますが、一の位〜千の位まで用意します。
E　ニス

（2）組み立てる。
①Aのベニヤ板に必要な色を塗ります。赤組、黄組、青組ならば3色ずつ塗ります。乾いたら、フックを付けます。
③Bの板を切って、フックに引っ掛ける穴を開けます。
④Bの板に、0〜9までの数字をペンキで書きます。必要な位の分を用意します。
⑤ペンキが乾いたらニスを塗って完成！

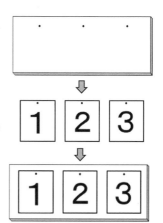

4　児童席・応援席の作り方

安心・安全第一を考える

　運動会は、演技する時間より、待機したり、応援したりする時間が長い。児童が多くの時間を過ごすのが、児童席・応援席です。例年通りの提案でなく、児童の安心・安全を考えた児童席・応援席になっているかを今一度チェックしてほしい。

〈児童席・応援席のポイント〉
①入場門に近いか
②トイレに近いか

①入場門に近いか

　児童席・応援席は、主に低・中学年の待機場所になっていることが多い（高学年は係の仕事があるため）。児童管理担当の教職員の人数は、児童数のわりに少ない。すべての児童の状況を把握するのは難しい。その中で、プログラム通りに進められるように児童を入場門へ連れていかなければならない。安全に、そして素早く児童を入場門へ連れていくために、入場門に近いことが重要になる。

　2つの学校の運動会会場図がある。Aは大規模、Bは小規模の学校のものである。どちらも入場門の隣に児童席が設置してある。

②トイレに近いか

　児童が児童席から離れる時は、演技か、トイレである。

　運動会は野外の行事の上に、多くの人が参観している。外トイレの数が少ない上に利用者は多い。トイレは混み合う。遠い場所にトイレがあると、児童がトイレに間に合わない、児童の帰りが遅く、運動会の進行に支障が出るなどのことが予想される。

　児童が安心して児童席・応援席で待機できるためにも、トイレに近いことも重要である。

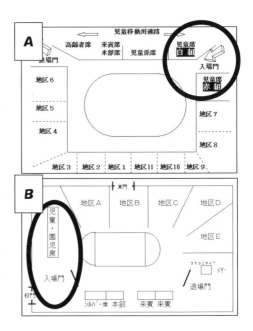

公立小学校
岡本 純

児童席・応援席の実際

Aの児童席・入場門

Aの児童席

　児童席・応援席にはテントを張っている。写真のように入場門にもテントを張る学校もある。熱中症対策の1つである。

　テントには、テント毎に表示板をつけると視覚的に分かりやすい。写真のように児童席には、ブルーシートを敷き、児童が立ったり、座ったりしても埃が舞い上がらないように配慮している。

　小規模の学校では、教室で使っている児童イスを児童席・応援席に使用することもある。

　児童イスの足の部分を布の端切れを輪ゴムで止めたカバーで覆い使用する。運動会当日の朝に運ぶので、朝が少し慌ただしくなるが、運動場に直接座るよりも目線が高くなり観戦しやすかったり、児童が把握しやすいという利点がある。

　児童にとっても、教職員にとっても、安心・安全を第一にした児童席・応援席の作り方になっているか、今一度チェックしてほしい。

　特に低学年の児童は持ち運びになれていない。そのために、人にぶつけたり、物にぶつけたりすることがある。人を傷つけたり、物をこわしたりしないように椅子の持ち方、運び方を事前に指導しておく。

5 テントの使い方マニュアル
熱中症予防・練習の効率化を可能にするテントの使い方

　専門業者に児童テント（レンタルテント）の設置から撤去までを依頼することで、教師の負担がぐんと減ります。さらに、運動会当日から1週間前くらいに設置することで、練習中の熱中症予防と児童の指導の効率化が可能になります。熱中症対策が重要な昨今、業者のテント設置は検討の余地があります。

1　最大の目的は熱中症対策

　熱中症の要因は複数ある。その中で直射日光が児童にあたることは最も大きな要因であろう。赤白帽子をかぶっていても腕や足の露出部分に日光があたれば、かなりの熱さとなる。

　熱中症指数の測定機器で運動場を測定すれば、5月～9月の間の危険域の日は、かなりの日数に上る。そのような状況で、対策少なくして運動会の練習を実施することは適切ではない。そこで、一般的に多い「運動会直前に、児童用テントを張る」方法ではなく、「早めにテントを張る」方法ができればよいと考えた。しかし、テント設置時間の確保、設置後の管理の労力等を考えると早めに張るには、解決せねばならない課題が多かった。そこで、専門業者にテントの設置と撤去を依頼する方法を行うことでそれらを解消した。

　実際に行ったところ様々なメリットが生まれた。熱中症対応も柔軟に可能であり、運動会準備の効率化も生じ、職員の余裕も生まれた。

2　職員や保護者にとっての良さ

①教員やPTAが立てる必要がない。撤去も業者に依頼可能。
②テント設営の時期を業者との相談の上で柔軟に設置できる。
③費用を支払えば学校のテントも業者が設置することができる場合がある。
④立て方がしっかりしている（児童がけがをしないような配慮。固定の仕方）。
⑤設置から撤去までの間に台風等が来た場合も業者に対応の相談ができる。
⑥撤去日について、相談の上決めることができる。
⑦特に前日の準備が減るのが助かる。そのため、早目にテントがあるので練習などを前倒しできる。
⑧保護者への熱中症への安全対策の説明ができる。

対象学年	全学年
指導時間	なし
準備物	会場図　予算　日程

公立小学校
飯塚　昭

3　児童の指導についての良さ

①運動会1週間前くらいから児童テントを張ることができるので、熱中症予防に役立つ。テントの下で児童が待機できる。
②テントが運動場での目印になるので、児童が本番と同じような感覚で練習できる。入退場なども本番を想定してできるため、練習効率が上がる。
③業者テントはいくつかの色がある場合があるので、本部を赤色、保健を青等と色分けができる。よって「赤のテントに集まりなさい！」等、児童への指示が分かりやすくなる。

4　配慮事項

①運動場において、テントが張りっぱなしになるので、休み時間の運動場での遊びが制限される場合がある。
②費用が必要。
③テントを設置している期間は運動場の他団体の使用ができなくなる。
④テントを張るという技術が教員に継承されない可能性がある。
⑤PTA等がテント張りに協力することを通して醸成してきた、運動会への参加意識を低下させる可能性がある。

5　手順

①前年度に見積もりを取る。
②前年度にテント設営の費用をどのように確保するか検討する。
③本年度に入ってすぐ、業者への正式依頼。設置日時、退去日時を打ち合わせする。
④テントを張る（業者）。　⑤テントを撤去する（業者）。
⑥費用の支払いを済ませる。
⑦次年度の見積もりを取る（複数の業者から取ることが望ましい）。

6　その他

①業者によって上記の事項は変わるので、あらかじめ具体的に打ち合わせをすること。
②業者によっては、学校のテントを使って、業者はテントを張るだけの方法もある。
③テントの立て直しができないので、明確に指示を出すことが大切である。
④あらかじめ雨天延期の場合を想定して打ち合わせておく。
⑤テントを張るのに半日ほどかかる場合があるので、土日に設置することも想定する。
⑥運動場の社会体育などの使用がある場合は、早めに止めて置く。
⑦その他、部分的な依頼や相談が可能かもしれないので、情報収集をするとよい。
※これらのことは業者によって対応が変わるので、あらかじめ打ち合わせを具体的にしておくことが必須である。

6　後始末の時短マニュアル
誰が、何をし、どこに運ぶのか、役割分担を明確にする

　運動会には、多くの用具が使われます。後始末の仕方について共通理解されていなければ、無駄な動きが増え、時間がかかります。用具が保管場所に戻らなくなり、来年度の運動会の準備の時に支障が生じます。
　運動会の後始末の時間が短くなるマニュアル作成のコツを紹介します。

〈運動会の後始末の時間を短くするコツ〉
①誰が、何をし、どこに運ぶのか、役割分担を明確にする。
②準備をする教員・児童と後始末をする教員・児童が同じになるようにする。
③PTAの力を借りる。
④職員会議で提案し、教員間で共通理解をはかる。

---

①誰が、何をし、どこに運ぶのか、役割分担を明確にする。
②準備をする教員・児童と後始末をする教員・児童が同じになるようにする。
③PTAの力を借りる。
〈作成の手順〉
①運動会の準備についてのレジュメがあるはずである。それをもとに、後始末に必要な役割分担をリストアップする。その時に、保管場所も明記する。
②運動会の後始末には、6年生児童が加わる。そこで、準備の時と後始末の時に関わる仕事が同じになるようにする。そうすれば、後始末の時に、用具をどこに持っていけばよいのか、教員も児童も迷わずにすむ。
③運動会の後始末には、PTAの役員も加わる。PTAの役人には、テントの天幕・支柱運びや机・椅子運びなど重いモノの運搬を手伝ってもらう。運動会の後なので、児童は疲れている。PTAの役員が加わることで、けがの防止にもつながるし、時短になる。

　以上をふまえた一覧表が、右のページである。

④職員会議で提案し、教員間で共通理解をはかる。
　職員会議で、運動会の準備の文書と一緒に提案する。
　運動会の準備の文書と一緒に提案されることで、役割を担当する教員は、準備から後始末までの流れをイメージすることができ、仕事の段取りを組むことができる。

体育大会当日の後始末について

平成 27 年 6 月　体育部

① 閉会式が終わったら、1年、2年、〜5年の順で、児童はテントに置いてある荷物を持ち、教室へ戻る。

② 6年生はテント番号11の所に集まる。体育主任から後始末の仕方の説明を聞く。

③ 下記、役割分担に基づいて、後始末をする。PTA の役員も加わる（PTA 運営委員会にて了解済み）。

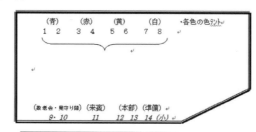

仕　　事	担当児童	担当教員	担当PTA	保管場所
テント1、2、3	6の1男子	荒川	保体部（男）	体育器具室（外）
テント4、5、6	6の2男子	松本	学年委員（男）	
テント7、8、13	6の3男子	立花		
テント9、10、11、12	6の4男子	橋本		
テント14 大会テーマはがし	児童会	蜂塚	運営委員（男）	体育器具室（中）
机・椅子ふき、運搬	6年女子	坂本 木村	保体部（女） 学年委員（女） 運営委員（女）	体育館ステージ下
放送	放送委員会	渡部	なし	放送室
得点板、等旗	図書委員会	槙原	なし	体育館2階東室

④ 1〜5年担任は、児童を帰してから、すぐに後始末の手伝いをする。
　テント片付けが終わった児童は、「机・椅子ふき、運搬」を手伝う。

⑤ 学年種目で使った用具は、各学年で後始末をする。

⑥ 綱引き・玉入れの用具は、午前中終了次第、「器具準備」担当が後始末をする。

⑦ サッカーゴールの移動の作業については、児童にはさせない。

7　急に雨が降ってきた場合の対応

急に雨が降ってきた場合の対応のコツ

　基本方針として、可能な限り実施する方向で進めます。なぜでしょうか？　延期すると他の学習にも影響します。保護者や地域住民も当日のうちに実施してほしいと願っています。しかし、学校として、あらゆる場合を想定し、対応を予め考えておくことが大切。お知らせは事前に配布するプリントが効果を生みます。

〈急に雨が降ってきた場合の対応のコツ〉
　３つの場合を想定して対応を考えておく。
　①前日に想定できる場合　途中から急に雨が降るかもしれない場合
　②前日に想定できる場合　途中で急に降っていた雨が止む場合
　③当日に急な雨が降ってきた場合

①前日に想定できる場合　途中から急に雨が降るかもしれない場合
○雨の時間はいつ、どれくらい降るのか想定する。
　何時頃に、どの程度の雨が降るのか、できるだけ詳細に把握する。
　最近は天気予報も、所在地で雨量はどのくらいあるのかまで、把握できるアプリケーションがある。それを活用することで、時刻による降水確率、予想される雨量まで把握しておく。
○いつ誰が実施するのか、中止するのか決めておく。
　誰が判断するのか。私の勤務校では、「校長、教頭、体育主任、PTA会長の４人が朝６時の時点で協議し、最終的に校長が判断する。」と実施計画に明文化している。

②前日に想定できる場合　途中で急に降っていた雨が止む場合
○雨が途中で止んだら続行するのか中止するのかこれも予め決めておく。
　この場合は、続行させる基準を明確にしておくことだ。
　勤務校では、「運動場の路面が水浸しになるようだと中止、一時的な雨だけで、路面が濡れていても、競技や演技が可能な場合は実施する。」と決めた。
○夜に雨が降って、朝方、雨が止んだ場合
　可能であれば、実施したい。
　そこで、「天候により、開始時刻を遅らせて、実施することもある。」と明文化しておく。
　この場合、朝の状態を確認し、遅れて開始することを、保護者へのメール配信と、各町内会長へ連絡し、町内会からの連絡との２本立てで連絡することを確認しておく。

〈ポイント①〉
情報を校長の元に集中させ、協議の後に、最終判断は校長が行うことを提案文書に明記しておくことが重要。

広島県福山市立駅家西小学校
迫田一弘

③当日に急な雨が降ってきた場合
○雨の降り方をできるだけ詳細に把握する。
　何時頃に、どの程度の雨が降るのか、できるだけ詳細に把握する。
　すぐに止むのか、継続して降るのか。小雨程度か、かなりの雨量なのか。これらを把握する。把握する方法は①で述べた通り。
○児童・生徒をどこに一時退避させるのか
　テントの中で待機させるのか、教室に一旦退避させるのか。これらは上記の情報を校長の元に集中させ、校長が判断する。
○続行するのか、中止にするのか
　一度始めた運動会であるなら、できれば続行したい。
　今後の雨量をはじめ、天気情報をできるだけ把握し、決める。

〈ポイント②〉
あらゆる場合を想定し、提案文書に、できる限り明文化しておくことが重要。

○当日、雨になる場合のプログラム変更を考えておく。
　午後から雨になるとか、途中で降ってくることが予想される場合は、プログラムの変更をする。
　勤務校では、「団体競技を除き、徒競走、団体演技を優先して行う。」と入れた。「場合によっては、PTA種目は中止とする。」これは前任校の場合に入れたこと。
　つまり、午前中にやってしまおうという趣旨である。団体演技はダンス、組体操である。これは通常、最大の練習時間を割いて行ってきている。児童・生徒もやりたがっている。徒競走も一人一人の活躍の場面である。そのあたりの判断は学校ごとに違ってもよい。要は、午前中の後半や午後からの雨に備えて、午前中に運動会を済ませておくというものだ。

④保護者や地域への連絡体制を確立しておく
　以上のことを確かなものとするためにどうするとよいのか。
　前日に保護者や地域住民にお知らせプリントを配布しておくことである。
　これが当日の混乱を防ぐ最大の方法である。
　（例）

〈ポイント③〉
前日にお知らせのプリントを1枚配布することで、無用の混乱を防ぐことができる。

○当日の朝、運動会前にお知らせする場合
　メール配信システムと地域への連絡網で運動会の実施・中止をお知らせする。
○当日運動会を実施中の場合
　一時待機（退避）や中断、中止の連絡は場内アナウンスとメール配信システムでお知らせする。

8 次回への申し送り、反省文の作り方
運動会終了3日以内に反省文を書く

　次回への申し送りで大切なことは、運動会終了3日以内に先生方に反省文を書いてもらい、その反省をもとに1週間以内に体育部会を開き、1ヶ月以内に来年度の開催要項を完成させておくことです。

1　反省文の内容

　運動会前に体育部会を開催し、反省文の項目を決定して、運動会当日に先生方の机の上に置いておく。反省文の内容は以下の通りである。

　皆様のおかげで、運動会を終えることができました。本当にありがとうございました。運動会について気がついたことを自由にお書きください。皆様からいただいた意見を来年度の運動会に生かします。
　ただし、「○○があまりよくなかった」等、代案（次はこうした方がもっとよい）がないものに関しては、検討しない場合もあります。ご了承ください。
　なお、提出締め切りを○月○日（運動会3日後）とします。提出した方は、名簿に○をしてください。

【運動会実施前】
①実施計画（不都合な点や負担が偏った点等）
②リハーサル（設定時間、リハーサルの内容等）
③運動会前日準備（担当、時間等）
④各色組の応援合戦指導体制（6年部の負担、役割の不具合がなかったか等）

【運動会当日】
①運動会の実施時期（6月開催でよかったか等）
②種目の設定（徒競走、学年種目、全校種目、全校ダンス）
③開閉会式（内容、あいさつ等）
④各色の応援合戦（内容、時間、場所等）
⑤当日朝の準備（学年・教員の担当、時間等）
⑥児童の係の動き・内容（児童が係の仕事をスムーズにできたか）
⑦児童の健康状態（熱中症予防対策、トイレ等）
⑧会場（テントの設営場所、種目のライン等）
⑨片付け（学年・教員の担当、時間等）
⑩上記以外で気がついたこと等
⑪運動会全体について
　〔よかったか否か〕※いずれかを○で囲んでください。
　　とてもよかった　　よかった　　あまりよくなかった　　よくなかった
　〔そう思った理由（記述）〕

2 代案がないものは検討事項に取り上げない

「運動会実施前」「運動会当日」は、全て記述式なので、先生方の考えや感想を詳しく知ることができる。

反省のほとんどが「運動会をもっとよくしたい」という前向きなものである。

しかし、そうでないものも時々見られる。

また、印象的に「うまくいかなかった」「もっといい方法があるのでは」という意見もある。

だから、体育部会では以下のような方針で検討を行う。

> 代案がないものは基本的に取り上げない。

代案があるものを中心に、反省文を一覧にまとめ、体育部で話し合う。

そして、体育部としての来年度の案を作成して、1ヶ月以内に職員会議で提案する。

覚えているうちに、来年度の方針を立てておくことが重要である。

3 数値に表れる反省点

反省文の中で、数値化できるのは、⑪の項目である。

そして、その理由も知ることができる。

以前、このような数値になった。

> ○とてもよかった　85%
> 〔そう思った理由〕運動会の終わりに、最後の色別会をした時、6年生達の多くが、達成感で涙していた。とても感動した。このような意味のある行事こそ、子どもを育てていくのだと改めて思った。
> ○よかった　10%
> ○あまりよくなかった　5%
> 〔そう思った理由〕子ども達の主体性を育てると言いながら、多くの教員が勝手に子ども達に指示をし、動かしていた。運動会全体としては成功だったと言えるが、教員一人一人が何のために運動会をしているのかを自覚し、動くべきである。

数値化すると、記述では見えてこなかった点が明らかになる。

9 運動会の作文・絵の指導ヒント

写真を手がかりに、一番かきたい場面をかかせる

　運動会の作文と言っても、何をどのように書けばよいのかわからず、鉛筆が止まってしまう。読み手に運動会の感動や緊張が伝わる「作文」が書けるには、どのように指導すればよいのでしょうか。また、運動会の絵は、どのように描かせたらよいのでしょうか。指導のヒントを紹介します。

〈一番かきたい場面をかかせるコツ〉
1　写真を手がかりにする
2　かき方を教えてほめる

1　写真をてがかりに、書きたい場面を決める
〈手順〉
①運動会の場面を写真に撮っておく。練習の場面での写真もあればよい。
②ワーキングメモリになる写真を印刷して掲示する。
〈ポイント〉
　写真をもとに、心に残ったことを話し合い、児童の記憶を呼び起こさせる。
　1年生の場合は、作文の書き方が分からないので、モデルを示して話をさせてから、文に書かせた。

2　かき方を教えてほめる
【作文】良い書き出しを発見させる。(向山型作文指導参考)
　作文は書き出しの一文で決まる。

1．2つの作文を比較する中で、方法を子ども自身の力で発見させる。
2．評価活動を通して1つの方向性を示し、自己活動を促す。

　どういう書き出しがよいのかを発見させるために、時間の順番通りに書いた作文と、一番印象に残った場面から書き出した作文を読み上げ(聞く)、どこが違うのかを発見させ(見る)、感想を発表する(話す)。
　一番印象的なことを書かせ(書く)、出だしの一文を評価する(見せる)。比較する2つは、差があるほど効果が大きく、発見も早い。向山型は「教えないで教える」指導なので、子どもが主体になって自ら学習していくアクティブ・ラーニングである。

高知県香美市立山田小学校
藤崎富実子

【絵】酒井式「運動会　大玉ころがし」を参考に描く。

　1年生に実践した時は、厚めの8つ切り画用紙にクレパスで描かせた。
①**参考作品を見せる。**酒井臣吾先生の参考作品を電子黒板で提示する。
　どこが良いかを発表させて、発見させる。
②**大玉を描く。**
　大玉の位置を決めさせ、黄土色のクレパスで描かせる。1年生は、鉛筆で薄く描くことが難しい。しかし、白玉を描く子は、修正可能なように、やはり鉛筆の方がよい。また、全員の大きさをチェックすることが必要である。
③**手を描く。**
　手のひら、指の順に手を描く。玉にあてた手を大きめに描く。指も1本1本描かせる。もう1つの手は、どこでもよい。
④**顔を描く。**
　玉の近くに顔を描かせる。1人目は、上、斜め上のように顔を傾けて描かせる。帽子をかぶせて、髪の毛も描く。
⑤**胴、足を描く。**
　顔と胴を傾けるように描き、動きをつけるために足は、離して描かせる。
⑥**体をつなぐ。**
　腕は、肩から出るようにして手とつなぐ。
⑦**服を着せる。**
　上着、ズボン、靴を描かせる。
⑧**1人目の色をぬる。**
　1人目を塗る。クレパスで肌をぬる。白目は、ぬらずにマジックで目を入れる。
⑨**友達を描く。**
　酒井式では、「重なりを演示して描かせる」とある。1年生は、そこまでは要求せずに、一緒に押している友達を描かせる。
⑩**大玉を描く。**
　大玉をきっぱりきめて描く。多少大きさを変えてもいい。描いた後は元の線を塗りつぶす。
⑪**まわりの友達や物を描く。**
　白線は動きをつけるため、ななめにするとよい。手前や奥に空きがある場合は、カラーコーンや応援する人を配するとよい。

1　小規模校

V 運動の苦手な子・体力の弱い子への配慮を各所に反映させる

　運動の苦手な子も一生懸命に参加できる全校競技やどの子にも優しい環境づくりが、参加する人だけでなく、参観する人にとっても気持ちの良い運動会となります。
　小規模校の特性を生かした全校競技、システムに「どの子にも」という考え方を反映させます。

> 〈全ての子どもが参加できるユニバーサルな環境とシステム〉
> ①全校リレー
> ②４年生以上の一人一役

①全校リレー

〈手順と概要〉

①全校児童の走力を体育の授業を使って調査する。（実際に本番のリレーで走る距離を走らせる）
②合計タイムで均等になるように全校児童を５〜６チームに分ける。
③全校の合同練習で顔合わせをして一度試走しておく。（１年生から６年生までバトンをつなぐ）

〈ポイント〉

　右ページのようにエクセルを使って、タイムと名前を入れながら合計タイムが同じになるように調整する。

　職員用配付名簿には、名前と個々のタイムを入れておくが、各クラス掲示用名簿には、個々のタイムは伏せておき、チーム合計タイムのみを表示しておく。

　全校リレーの良いところは、運動の苦手な子も得意な子も全員が協力して全力を尽くすことができ、合計タイムが同じになるようにチーム分けされていることで、得意な子も苦手な子も安心して参加することができることである。足の速い子がリードを広げておくことで、走るのが苦手な子もあまり目立つことなく走ることができる。

　自然発生的に全員の応援が生まれるのも、見ている者にとって気持ちの良い競技である。

②４年生以上の一人一役

　上学年が全員運動会の運営に携わるシステムとして、係を一人一役担う。
　各係の人数の割り振りについては、運動会の職員会議資料の中で提案する。
　一人一役担うことで、運動の苦手な子もけがをしている子もどの子もやらされている感じはなく、前向きに参加することができる。係児童の活躍が運動会を支えるということを伝える。
　そして、その上学年の活躍する姿を下学年が見て、憧れを持つのである。

V 全ての子どもが参加できるユニバーサル環境づくり

千葉県柏市立田中北小学校
東條正興

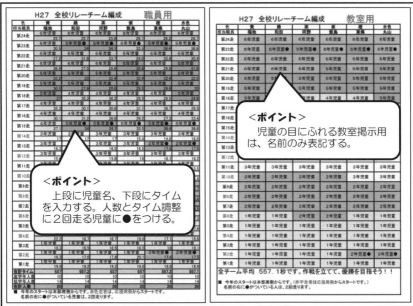

2　中規模校

「ニャティティソーラン2020」で、どの子も満足できるダンスを!

「ニャティティソーラン2020」は「一糸乱れず」ではなく「万糸乱れて」踊れることが魅力です。沢山褒めることで、運動の得意な子も苦手な子も、どの子も自信をもって元気いっぱいに踊れます。指導用DVDとテキストがあり、体育の苦手な先生でも指導可能です。

1．ねらい
①ニャティティソーラン2020を通して、児童1人1人が踊る楽しさや喜びを味わう。
②仲間と関わり合いながら、音楽の特徴をとらえた多様な表現をリズムに乗って踊る。

2．指導のポイント
①全部で16の踊りで構成されている。3日間で踊りを教え、残りの3日間で細かい動きや隊形移動等を練習すると、最短6日間で完成。

1日目	1～7までの踊り
2日目	8～12までの踊り
3日目	13～16までの踊り
4～6日目	細かい動き、入退場、隊形移動

②まずは指導DVDに合わせて、ゆっくり足だけの練習、手の動きを加えた練習をする。できるようになったらテンポを上げて練習する。最後にCDに合わせて踊ります。DVDもCDも16の踊りが一つ一つ区切ってあるので、簡単に繰り返し練習できる。
③「万糸乱れて」踊る。子ども達の、のびのびとした動きを認めよう。左右を間違えても大丈夫なので、笑顔で踊っている子、一生懸命踊っている子を取り上げて、沢山褒めよう。褒められることで子ども達がやる気になり、得意な子も苦手な子も、どの子も楽しく参加できる。

3．踊り方のポイント
①実態に合わせて、自由にアレンジ！
勤務校では、低学年約160人を4色のチームに分け、全員でシンプル踊りを踊った。学年、人数に合わせてウェーブや隊形移動を取り入れるなど、踊りをアレンジしてもいい。私は「バード」「ハット」の繰り返し部分でウェーブを入れたり、チームごとに交互にジャンプしたりした。隊形移動では①校庭後方から前方へ走って移動②「トントントントン」をしながら前後入れ替えの移動③「ワンツースリーB」で列ごとに円形に移動した。迫力ある隊形移動の度に、本番では観客席から歓声が聞こえた。
②踊りの名前を言うだけで、タイミングばっちり！
16の踊りには「ドン右ドン左」「ケンケンくるりん」「スウィームスウィームクイックイックイッ」など、それぞれ名前がついている。これを言いながら踊るだけでタイミングが合わせやすくなる。また、踊りのイメージをつかみやすく、低学年でもスムーズに踊れる。

対象学年　全学年
指導時間　6～12時間
準備物　指導用DVD　CD　衣装　スクリーン

鳥取県公立小学校
松尾智子

③今までよくあるダンス指導と、ニャティティソーラン2020との比較

今までのダンス	ニャティティソーラン２０２０
担当となった教員が内容などを考えて作っているため、担当者の負担が大きい。	指導テキストやDVDがあり、その通りに指導すれば良く、担当者の負担が少ない。
指導、ダンスの手本を教員がするが、左右反転部分などで間違いが起こりやすい。練習の度に毎回踊るので、体力的に苦しい。	DVDの通りに練習すればよいので間違いがない。ダンスの苦手な教員、運動の苦手な教員でも指導できる。
「一糸乱れず」踊ろうとするため、全員を揃えようとして簡単な動きが多くなり、運動量が少ない。	「万糸乱れて」踊るため、リズムに合わせて一人ひとりが自由に踊れる。全身を使った動きが多く、運動量が確保できる。
「一糸乱れず」踊ろうとするため、苦手な子や合わせられない子が、叱られたりついていけなかったりして、自信を失うことも。	「万糸乱れて」「ほめて、ほめて、ほめまくる！」が指導ポイント。一人ひとりの良さを認められるため、自信がもてる。

4．衣装

コマンゲ（腰みの）、バンダナ、鳴子、ポンポンなどを持っても良い。コマンゲは荷作りひもで自作できる。チーム、男女ごとに色を変えてカラフルに！

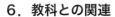

5．アクティブ・ラーニング発想

「万糸乱れて」のニャティティソーラン2020は「異なった意見を認め」、「多様性を尊重」し、子ども達の工夫を生かして踊ることができます。「この部分ではどう踊りたい？」と、子ども達に動きを考えさせても良い。

6．教科との関連

道徳や学活の時間などに世界初の女性ニャティティ奏者・アニャンゴさんの生き方を授業したり、アニャンゴさんの著作を読み聞かせしたりすると、子ども達はますますニャティティソーランが大好きになる。指導DVDにはニャティティなどの紹介映像も収録されている。

7．引用文献・参考資料

○「ニャティティソーラン2020 ダンス指導テキスト」（TOSS）
○「ニャティティソーラン2020 ダンス指導DVD」（TOSS）

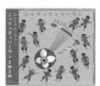

3 大規模校
全員が参加できるシステムの構築

　大規模校で児童全員が運動会に参加できるように仕組んでいくためには、運動会のシステム化が必要だと考えます。大きく分けて、二つあります。一つは、競技に対する意欲を持たせるためのシステムで、もう一つは、競技以外の部分で活躍する場面を作るシステムです。

1、運動会の目標
　運動会の練習や運動会そのものに取り組む上で、目標を立てる。その目標は、

> 「勝利」以外の別の価値

にするべきである。以下理由を述べる。
「運動会で勝つ」ことを学級の目標にしたとき、また、「1等賞をとる」ことを個人の目標にしたとき、結果がそうならなかった場合、その行事で達成感を得ることが難しくなる。得るものはほとんどなくなってしまう。勝つために練習を頑張ってきたのに勝てなかったとなると、目標は達成できなかったことになり、それまでの練習に価値を見いだせなくなってくる。
　逆に、勝利をしたり、1等賞を取ったりしても、結果は目標を達成したことになるが、行事が終われば、その後につながらない。「勝った」「負けた」で終わってしまう。勝ったことに満足をして、学級集団のまとまりや個々人の頑張りなどに目が向けられないことが出て来てしまう。負けてしまったら、それこそ、目標を達成できないばかりか、得るものがほとんどないことになってしまう。それは、よろしくない。
　せっかくの行事を子どもの成長につなげていくことが必要である。
　例えば、「学級全員で協力する」という目標であれば、行事が終わった後、勝ち負けは別として「協力できたかどうか」を反省し、行事後の生活や次の行事に成果をつなげていくことができるだろう。そのような、勝利以外の価値を見いだして、それを学級で話し合い、結果も大事だが、そこに至る

> 過程も重視するように子ども同士で確認し合う

ことが必要になる。そして、そのような目標設定をしておけば、勝ち負け以外のところで子どもの成長を確認することができるだろう。
　そして、当然ではあるが、教師が「勝ち負け」にこだわってしまうと、当然、子ども達も影響をうける。
　以前に勤務した学校のある教師は、「勝ちたい、勝ちたい」と職員室でつぶやいていた。子どもの前でもそういう話をしたのだろう。子ども達もそういう気持ちになってしまっていたようだ。最後の種目のリレーでルール違反をしてしまい、後味の悪い運動会になったことがあるので、勝利を願うのではなく、子どもの成長を願う教師であるべきだと考えている。

北海道歌志内市立歌志内小学校
廣川　徹

2．全ての子が活躍できる場の保障

　子どもは、運動が好きである。しかし、当然、嫌いな子もいるし苦手な子もいる。運動会が憂鬱になる子もいるし、思ったように参加できない子もいる。
　そういう子達にでも、運動会に全員が参加できるように環境を整えることが大事である。
　その方法の一つに、

> 運動会に関する仕事をたくさんの子に割り振る

ことだ。
　特に、運動面での活躍よりも、応援団だったり、放送の係だったり、運動以外のところでも運動会に関わっていける仕事をたくさんの子に割り振ることである。前任校では、全ての児童が運動会に関わる仕事をになっていた。代表リレーに出る子は、そこで頑張り、開会式の入場のリズム演奏をする子はそこで練習を重ねる。開会式の司会や、選手宣誓、チームキャプテンや応援団……そして、審判や用具、放送などの係の仕事……を全ての子に割り振るのである。当然、希望をとったり、委員会活動のグループで仕事を割り振ったりする。そうして、さらに、仕事を細分化させるために、話し合いをする機会を作り、相談をしてスムーズに仕事が進むように検討をして仕事の練習をしていく。
　競技でも仕事でも運動会成功のために、責任を全うするように指導する。そして、運動会後にその頑張りを確認することで子どもに次の活動への意欲をはかっていくわけである。
　もう一つが、

> 徒競走の組み分けに対する配慮をする

ことである。たくさんの児童を徒競走に参加させるためには、1組5〜7人程度で組み分けをする。その組み分けを固定化せずに様々な方法で行うことが必要である。
　だからといって、毎年、子どもの走力の順番に徒競走の組み分けをしていたら、毎年、同じようなメンバーで走ることになってしまいがちである。それほど、子どもの走力が大きく変化することは少ない。メンバーを決めた瞬間に、すでに順位が決まっているような組み分けは、絶対に避けるべきだと思う。
　そのため、年ごとに組み分けの方法を考えて、ローテーションをしてみると、毎年組み分けが違ってきて、「今年は1等賞を取れるかもしれない」という期待と参加意欲が持てるのではないかと思う。
　かつての勤務校では、「背の順番」「走力の順番」「くじ引きによる組み分け」などを学年ごとに割り振ったことがあった。そうすると、組が固定化されない。
　そのようなシステムを作って、全ての子が参加できる環境ができあがると思う。

1　運動会の係活動一覧

運動会の舞台を作る係活動

　運動会を運営するには教職員だけでは手が回らない。そこで児童（主に高学年）の係を決める必要があります。児童係は、「自分達で運動会をつくり上げる」という自主性を養うことができます。そのためには、前もって教職員が係ごとの計画表を作成します。子どもが混乱しないシステムを作るのです。

1　係分担を提案する。

①各学年の人数を割り振る。人数は昨年度の反省などを踏まえて決める。
②各学年で男女が均一になるようにする。
③各担当のリーダー（教職員）を決める。主に昨年度かかわった人にする。

	5-1	5-2	5-3	6-1	6-2	6-3	4年生	合計	集合場所
出発	1	1	1	2	2	2		9	4-1
決勝審判	5	6	5	6	6	6		34	2-4
用具	5	5	5	5	5	5		30	4-3
放送	2	2	2	2	2	2		12	5-3
記録	4	4	4	5	5	5		27	2-3
救護	1	1	1	1	1	1		6	保健室
応援	6	6	6	8	8	8	各6人ずつ	60	6-3
出場整理	3	3	3	4	4	4		21	5-1
受付	1	1	1	1	1	1		6	視聴覚室
児童席	3	3	3	4	4	4		21	1-1
合計	31	32	31	38	38	38			

2　仕事内容を明記した提案を出す。

①前日までの仕事・前日の仕事・運動会当日の仕事を明記する。
②雨天時用の計画も立てておく。（準備期間で雨が降ったときの仕事も考えておく。）
③いつ、何を、誰がするのかを明記しておく。教職員と子どもの仕事を分ける。

対象学年　高学年
指導時間　2時間
準備物　なし

埼玉県志木市立志木小学校
工藤俊輔

3　例として用具係をシステム化する。

用具は使用する学年や、競技の場を設定しなければならない。そのために**用具係一覧表を作成する**。各種目で必要な用具を子ども達が自分で準備できるようにする。事前に校庭で、用具の出し入れの練習をする。教師は子どもの動きを評価する。（○年生○秒！　はやい！）

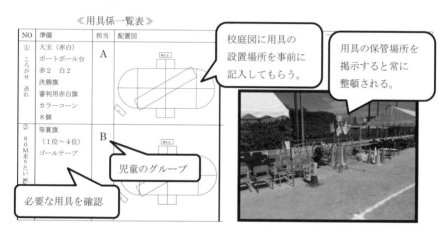

≪用具係一覧表≫

- 校庭図に用具の設置場所を事前に記入してもらう。
- 用具の保管場所を掲示すると常に整頓される。
- 児童のグループ
- 必要な用具を確認

4　来年度に必要なものを購入する。

運動会が終わったら係ごとの反省を行う。来年度必要なものを購入しておく。その場主義で仕事を進めることで来年度もスムーズに行うことができる。

	当日の仕事について	準備作業・片づけについて	その他（来年度への要望・引き継ぎ）	道具片付け場所
出発	①「よーい」の仕方について指導をする。②ピストルとフライングの分担をはっきりさせる。③出発のスタートの確認をすること	①多くの方に手伝っていただき助かりました。	①ポートボール台の花の数は、1台につき20個（養生で貼る）3色の場合は21個②記録の立て看板の花付けを出発にしてもよい。③立て看板の裏は包装紙などで隠すとよい。④雷管の注文は早めにする。	①くい　ロープ　体育倉庫焼却庫②雷管　男子更衣室
決勝審判	・最低4人は教員と本部の先生を入れてほしいという要望	・万国旗がはずれないようにする、一度ロープに巻きつけてからきつ	・決勝テープはゴム等の伸縮するものを用意し、走る児童の足からな	・万国旗の旗とロープ・等賞旗　等賞旗のポール

2　小規模校の運動会の工夫
プログラムの内容や教員の配置を工夫

　小規模学校は児童・生徒の人数が少ない。ゆえに、運動会においては、人数の少なさにより1種目の競技時間が短いことや、団体競技が成立しないことが課題となります。同様に教員の人数も少ないこともネックになってきます。このことを克服するためのプログラム内容や教員の配置など、マネージメントについて紹介します。

①親子競技を活用する

　小規模の人数にもよるが、1学年が20名に満たない場合、団体競技をする人数が足りないことが多い。また**競技数も確保したい**ので、できれば低・中・高（学年）で団体競技を実施したい。そこで**団体競技は親子競技**とする。

　仮に1年生20名、2年生20名の児童数とすると、各学年を紅白に分け（1年生10名・2年生10名）、紅組20名、白組20名となる。児童だけなら2人1組としても、10組で終わってしまうが、親子で組めば20組できるわけだ。親子競技にすると思い出にもなるし、時間の確保が可能だ。定番の「大玉転がし」を上記の条件ですれば、約10分程の競技時間となる。

　もし、保護者が出られない場合は、専科の教師やALTの方などに入ってもらうなどの対応をする。

　呼びかけはもちろんだが、保護者には通信でルールややり方を説明しておく。

「大玉転がし」通信サンプル

　競技は「大玉転がし」以外にも、大きさの違う2個のボール（バランスボールなど）を2本の棒で運ぶ「親の背を見て」（ボール運び）なども好評である。いずれも練習も簡単で楽しい内容である。例年行い、定番化すると企画も大変楽になる。

②競技数を増やす

　小規模校は人数が少なく、徒競走であれば1学年、3〜5レースで終わってしまう。一人ひとりを丁寧に呼名しても、5〜10分で終わってしまう。午前で運動会が終了（午後から地域運動会をする学校もある）というのであれば問題ないが、多くの学校では、午後も1〜2時間行わなければならない。となれば、**競技数を増やすしかない**。右に示すプログラムはその例である。先に述べた「親子競技」で低・中・高、また団

三重県伊勢市立早修小学校
高橋久樹

体演技（表現）は低（1～3年生）・高（4～5年生）で実施。徒競走は人数により複数学年で行う場合もあってよい。もし、全てを単独で行うと、仮に1学年が10名の学年であった場合、2～3レースで終わってしまう可能性もあり盛り上がらないからだ。種目はこれに加え、縦割り競技で「全員リレー」「縦割り対抗綱引き」など全校種目を入れる。これに「来入児種目」「敬老会・婦人会種目」「PTA種目」を入れていく。午後の終了は低学年のことも考えて早めに終わるとよい。

③教員の係

　小規模校の場合、状況によっては管理職を入れても10名程ということもあろう。大規模校と違い、役割の内容を精選しても、担当1～2名が限界である。そこで、小規模校の係一覧の例を示す。A～Hは教員、数字は学年の割り振り人数を示す。

係名	担当	6年	5年	4年	合計人数	打ち合わせ集合場所
決勝	A・B	4	1	4	9	6年教室
出発	C	2	2		4	2年教室
放送	D	2	2		4	放送室
準備	E・F	3	2	6	11	4年教室
召集・誘導	G	4	2	5	11	5年教室
児童安全	H	3			3	1年教室
救護	養護教諭	1	1		2	保健室

　ポイントとなるのが「決勝」である。決勝は児童だけでなく保護者も注目している。しかし、人数が割けない以上、全ての着順を判定しきれない。**公正を期すためにも「1位のみ発表」とするなど、限定すると1～2名の担当でも大丈夫だ。**

④保護者・地域の方にお願いする

　教員の人数が少ないと運動会の設営や片付けが大変である。あらかじめ、年度初めからPTA本部を中心に設営のお願いをしておくと良い。役員さんからの声かけ、「学校便り」での呼びかけ、当日片付けの際には、運動会終了直後に放送で片付けの協力を呼び掛ける。テントの片付けなどは大人の力がいる。是非とも日頃から関係を作り、お願いをしていきたい部分である。

3 大規模校の運動会の工夫
事前に確認事項を配付

①打ち合わせの回数を減らし、
②準備物を減らし、
③短時間で前日準備を終わらせる方法
を紹介します。

①打ち合わせの回数を減らす方法
　運動会に向けての打ち合わせは、職員の人数が多い大規模校では、集まるのも、確認事項の共通理解を図るのも何かと時間がかかる。そんな時、前もって確認事項等を配付しておけば、打ち合わせの回数を減らし、共通理解も確実に行うことができる。

> 例えばこんなものを配付します

運動会まえに各学級で確認・指導してください

【当日指導事項】
○朝グラウンドに出たら，閉会式終了までは勝手に校舎に入らない。
　南校舎1階トイレと昼休憩の校内作品展はよい。
○トイレはプールトイレ，屋外トイレ，南校舎1階トイレを使用する。
○ビニール袋(記名)に水筒，タオル等を入れて自分のいすに結んでおく。
○競技中以外は，テントの前を通らず，後ろを通る。
○トイレに行く時は，6年生の応援リーダーに伝えてから行く。
○手や顔などに字や絵を書いてはいけない。
○校歌をしっかり歌いましょう。
○保護者にしっかりあいさつしましょう。
○徒競走のときに放送で名前を呼ばれたら，手を上げる等アピール！
○閉会式まで全員参加。遊具や砂場，山，一輪車等で遊ばず，テントで応援しましょう。
○給水は入退場中に行い，競技中は応援に集中する。
○おやつは禁止。

　運動会当日はバタバタと忙しく、打ち合わせの時間を取ることが難しい場合もある。このように児童の動き、注意事項等を事前に配付しておけば、もしもの時にも安心だ。

②準備物を減らす方法
　準備物を減らすためには、これまでの慣例をいかに見直すかが重要である。
　万国旗を張らない、入退場門を簡素化する、シンプルな競技を増やすなど工夫次第でいくらでも準備物は減らすことができる。

鳥取県境港市立外江小学校
浦木秀徳

従来の入退場門は、地面に穴を掘り柱を立て、さらに周りに紅白テープを巻いて設置していた。
それを大型コーンに変更することにより、紅白テープ・看板等が省略でき、前日準備の時間も15分間短縮することができた。

③**短時間で前日準備を終わらせる方法**
- 入退場門の簡素化など準備物を減らすことで時間短縮することができる。
- テント設営などでアクティブ・ラーニングの発想を取り入れることで、さらに時間短縮することが可能である。

前日準備で一番大変なのがテント設営である。大規模校では、本部席・児童席・招集テントなど10張りは立てなくてはならない。

テントを素早く立てるポイントは以下の3つ。

①担当児童全員を集めて、教師がテントの立て方を実際に立てながら教える。
②担当の児童を10名程度に分ける。
（30人なら3グループできる）
③グループごとにテントを立てさせる。

アクティブ・ラーニング発想
○役割分担を話し合わせる。
○グループで安全に早く立てる方法について話し合わせる。

4 短時間でできる運動会の練習時間

練習計画を事前に作成し、教員間で共通理解する

　運動会は、学校行事の中でも入学式や卒業式と並ぶ大きな行事です。保護者や地域の期待する気持ちも大きくなります。それに応えようと、練習時間を延ばす教師がいます。しかし、それは教師の見栄です。子どもの体力等を考慮して決められた練習時間の中で表現・個人競技・団体競技の練習をしたいものです。そのコツを紹介します。

〈短時間で指導するコツ〉
①練習日程を作成し、事前に検討する。
②指導における基本方針を話し合う。

---

①練習日程を作成し、事前に検討する。
〈手順〉
①学校の運動会委員会から出される計画に書かれた練習時間を確認する。
②種目を確定し、練習日程を作成する。
〈ポイント〉
　右ページのように一覧表にする。
　いつどこでどのような指導をするのか明確にする。

②指導における基本方針を話し合う。
　次の項目は、指導前に『基本方針』として話し合っておくことをお勧めする。
○練習時間について
　設定された時間の中で全ての練習をする。指導の見通しをもち、それ以上に時間を費やさないようにする。
○指導の基本について
　指導は「教えて褒める」の繰り返しで行うことを確認する。叱っても動きはよくならない。学年で統一していないと、子どもにとって悪い影響となる。
○メイン指導者について
　指導中は、メイン指導者の指導通りに子どもと接することを確認する。指導中に割って入ってきたり、内容を変更しようとしたりする教師がいるので、その布石を打つ。

東京都目黒区立中根小学校
佐藤泰之

≪文書提案例≫佐藤泰之

練習日程

日	曜	1	2	3	4	5	6	練習内容（細かい計画は、5を参照）
6	月	③				④		団体演技練習①②
7	火			④				団体演技練習③
8	水				④	③		団体演技練習④⑤
（中略）								
25	土	運　動　会　当　日						

※ 数字…3・4年合同
　　○数字…各学年で短距離走、団体競技の練習

指導計画

時間	指導内容
①	オリエンテーション ・運動会で表現運動をするということ ・「YOSAKOIソーラン」にまつわるエピソード ・踊りを見せ（映像）、踊り全体のイメージをもつ
②	エンディングの振り付けを練習
③	Bダッシュの振り付けを練習（Bダッシュからエンディングまでを通す）
（中略）	
⑩	入退場の仕方を練習する 隊形移動を含めて通して踊る

＜メイン指導者＞　全体、漁師＝○○先生　波＝○○先生

＜ポイント①＞
提案文書は、事前に学年会を設定してもらい、話し合う。
文章に明記しておくということが重要。

＜ポイント②＞
提案文書には、以下の点を明記する。
○ねらい
○指導計画
○練習日程
○指導上の留意点

指導上の留意点
○動きのメリハリを付けさせる
　6拍子のリズム　　3拍目と6拍目にインパクトをもってくるように踊る
○いつも基本は四股立ち
　足の幅は肩幅の2倍。つま先は、外に向ける。腰を落とすことをいつも意識させる。
○オノマトペ（擬音語・擬態語）等、子どものイメージが湧きやすい言葉で指導
　イメージ語を言いながら踊ることで、踊りを覚える。
○先行集団を作る
　「踊りが楽しい」「もっと上手に踊れるようになりたい」子に練習の機会を与える。DVDを流すだけ。見よう見真似で練習させる。DVDは、時間を決めて学級で流す。

5 狭い運動場の使用例
狭い運動場での組体操

　校庭が狭いと言っても、色々な意味が考えられます。元々校庭が狭いのか、広い校庭はあるのだけど、中庭みたいな所で練習せざるをえなくなったとか……。ここでは、純粋に、狭い校庭で組体操をするということで考えていきたい。そのような場での演技……お薦めは……クライマックスをもってくることです。「大橋」という基本形の組み合わせでできるものを披露することです。最後の最後に、大喝采になること間違い無しです。

1　大橋

　「大橋」という技はかつて法則化で活動された下山真二氏が提案したものである。

　また、「組体操を成功させる秘訣」を、下山真二氏は、次のように言う。

---
①演技と演技の間を意識せよ。　　②練習成果を子ども達に伝えよ。
③失敗した時の行動を示せ。　　　④子どもの発想を取り入れよ。
⑤安全第一をこころがけよ。

　まったく同感である。さらに下山氏は、次のようにも言われている。

　最後は、「〇〇大橋（〇〇に学校名）」というような児童全員で組み立てられるものを入れるとよい。このクライマックス（見せ場）があると全体が引き締まる。

　私は、この提案を見つけた時に、組体操に「大橋」を取り入れた。当時の勤務校の名前をとって、「東小野田大橋」と名前をつけた。この大橋が二つできた時には、壮観だった。拍手が鳴り止まなかったことを今でも覚えている。
　さて、この大橋であるが、2人組、3人組、4人組……の基本技の組み合わせで作ったものである。だから、基本技をしっかり練習すれば、完成するのである。狭い校庭

対象学年　5・6年生

宮城県大崎市立東大崎小学校
片倉信義

であればなおさらのこと、基本技をみっちり練習して、最後に合体すればいいわけである。

小さなものが集まるだけなので、狭いところでもしっかり練習できるわけである。

2　基本技

さて、基本技である。この技を組み合わせて大橋ができるのである。

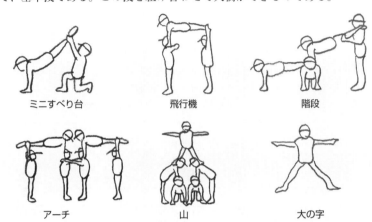

ミニすべり台　　飛行機　　階段

アーチ　　山　　大の字

3　練習

①基本技の練習をする。上の6つの技をしっかり練習する。1人から2人組、2人組から3人組……というように順に進めていく。2人組の技からは、どのようにすればよりうまくできるのかを相談する時間をとっていく。

②「大橋」の練習をする。左右、どちらからでもいいのであるが、一つずつやらせてみる。例えば、まず、左端の「山」を作らせる。できたら、右側の「山」を作らせる。これまたできたら、二つの山を一緒に作らせてみる。次は、左側の「階段」を作らせ、できたら右側のというように進めていく。もちろん、左右両方作らせてみる。このようにして一つずつ完成させていく。ここでも相談する時間をとらせたい。

③隊形位置の確認をする。それぞれの演技をどこで行うのか、その場所を確認させる。

④隊形移動の練習をする。演技する位置に移動して、隊形を変えるだけの練習をする。

⑤全体を通しての練習をする。基本技を入れ、全体を通して演技を完成させる。

⑥個別練習をする。できあがりが不十分な個人や組を個別に指導していく。

⑦一巡したら、また基本技の練習に戻る。一つひとつの技はさほど大きくならないので、狭い校庭でも十分練習できる。

以上。狭い校庭でも組体操はできる。ぜひチャレンジしていただきたい。

6 採点の仕方
種目によって軽重をつける

　運動会の採点は、運動会を盛り上げる大事な役割を果たします。その点数配分は、学校の実態によりさまざまであろうと考えられますが、基本は【個人種目と団体種目で軽重をつけて行う】ことです。運動会を盛り上げる種目の採点を、誰が見ても公平にかつ公明正大につけていく。そのコツを紹介します。

〈採点の基本〉
①団体競技は、点数配分を高くする。
②個人で走るかけっこや徒競走は、点数を小さく設定する。

〈ポイント〉
①かけっこや徒競走は、全ての子どもに点数を配分する。
②団体種目も、花形と思われる種目は、点数を高く設定する。

　たとえば、具体的には下の表のようになる。

種目	順位	1	2	3	4	5	6	7	8
かけっこ	学年4クラス	8	7	6	5	4	3	2	1
徒競走	学年3クラス	6	5	4	3	2	1		
団体種目	学年4クラス	40	35	30	25	20	15	10	5
学年リレー	学年3クラス	30	25	20	15	10	5		
応　援		15	10	5					
大玉おくり		15	10	5					
つなひき		15	10	5					
縦リレー		20	25	20	15	10	5		

1　かけっこ・徒競走

　学年4クラスの場合、1クラス2人ずつ走るとして1位の子に8点、以下、7・6・5・4・3・2・1点。学年3クラスで、1クラス2人ずつ走るなら、1位6点、以下、5・4・3・2・1点。

　学年5クラスなら、学級2人ずつ走るとすれば、1位10点、以下、9・8・7・6・5・4・3・2・1となる。もし、学級1人で走るなら、1位5点、以下4・3・2・1とする。

　クラス数と、走る人数で臨機応変に決めたらよい。ただし、全ての子どもに点数を配分すること。

2　学年の団体種目・学年リレーなど

　学年4クラスの1クラス2チームずつなら、1位40点、以下、35・30・25・20・

15・10・5。もし、学年4クラス、1チームずつなら、1位20点、以下15・10・5とすればよい。

　学年3クラスの2チームずつなら1位30点、以下25・20・15・10・5点。1クラス1チームずつなら、1位15点、10点、5点とすればよい。そのほかの種目も同じだ。

3　基本的な考え方

①全ての子ども、チームに点数を配分すること。(「どんな子どもも大切にされなければならない」という向山氏の教育理念を生かす)
②個人種目は、1点ごと、団体種目は、5点ごとなどと、点数配分に軽重をつけること。
③この点数配分については、学校ごとに実態が違うと考えられるので、十分に職員会議で検討し、決定すること。
(勤務校でも、団体種目を「1位40点、2位30点、3位10点としてはどうか」という意見も出た。しかし、そうするとその差が10点ずつとなり大きすぎるということで、例のように5点ごとに設定した。)

4　運動会の実際

　記録係の職員と、5・6年の記録係の児童とで採点を行う。運動会プログラムの採点種目を1種目男女別に1シートで準備する。たとえば右のようなものだ。書くのではなく、該当項目に○をつけるだけの単純な物を準備する。

　勤務校の場合、赤・白・青の3団に分かれての競技なので、赤・白・青の文字が並んでいる。表は、1組めの結果、1位が赤、2位が白、3位が白に○がついている。そして、1位の赤の得点は、赤の数だけ6をかければよい。それぞれの団ごとに得点を出し、最後に合計する。

　とにかく、得点集計はシンプルかつ一目瞭然なシートを準備するのだ。

　また、児童も、プログラムごとに係を決めて、誰がどの種目を記録するのか明確にして行う。ちなみに、係の人数は、5年生6年生各6名程度で行えるが、これも学校の実態に合わせて決定すればよい。

Ⅶ "あわてる場" 想定外の事態への対応編

1 けが人が出た、熱中症が出た

安全面の配慮は最も優先すべきである

　これからは、本格的にアクティブ・ラーニングの導入が言われる時代になります。児童の自主性や積極的な関わりが求められます。運動会では、種目だけではなく、係の仕事への取り組みも同様だと思われます。しかし、児童が大きなけがをしたり、熱中症など時に命に関わる事態が起きたりした時は、やはり職員が迅速に対応できることが求められます。

〈けが人や熱中症が出た時の対応〉
①実施要項に必ず明記しておく。
②当日の健康管理について、全職員で共通理解を図る。

①実施要項に必ず明記しておく。
〈手順〉※自分が体育主任の場合
　運動会の実施要項を作成する。その際に次の手順で安全面の配慮事項を作成する。

①前年度の実施要項に「けが人」や「熱中症」が出た場合の対応が記載されているか、確認する。
②前年度の運動会の反省文書を確認しておく。
③実際にけが人や熱中症が出た時にどのような対応をとったのかを養護教諭に確認する。
④本年度の対応について養護教諭と確認した上で管理職に提案する。
⑤本年度の実施要項に明記する。

〈ポイント〉
①右のページのように必ず実施要項に『安全面の配慮事項』と対応を明記しておく。
②職員会議で必ず周知し、安全面の確保を優先する。
③練習の段階から未然にけがや熱中症等を防ぐ具体的な手だてを考え、周知する。

②当日の健康管理について、全職員で共通理解を図る。
〈手順〉

①職員会議で必ず当日の健康管理について全職員に周知する。
　A：朝必ず健康観察を行う。（時刻 8：10 ～ 8：20）
　B：健康観察簿を朝のうちに養護教諭が確認できるように、
　　　観察簿は養護教諭の机上に提出する。
②実際にけが人や熱中症になってしまった人が出た時の対応について全職員に周知する。
　A：けがの場合は、程度にもよるがすぐに保健室で処置を行う。
　B：すり傷等、保健室で手当をするまでもないけがの場合は、流水でよく洗い、児童席側に用意してあるテントで応急処置を行う。
　C：熱中症の場合、テントなど日陰で休ませ様子を見て保健室に移動する。養護教諭や担任は、必ず児童名を校長まで連絡する。
　D：熱中症を予防するために、児童係の担当は競技の合間に適宜水分補給をするよう必ず指導を行う。

栃木県塩谷郡高根沢町立西小学校
平山勇輔

≪文書提案例≫

18　安全面の配慮事項
【練　習　時】
・運動会の練習は、気温や児童の健康状態に配慮して行う。
・給水を適宜行い、熱中症に気を付ける。
・気分が悪くなった児童がいた場合は、すぐにテントで休ませ、保健室に連れていく。
・体育部は、早めに本部テントを設置する。
・練習中にけがをした場合は、その程度に応じて適切な処置を行う。特に首や顔などのけがについては、必ず養護教諭にみてもらい保護者に連絡を入れる。養護教諭や担任は必ず校長に連絡する。

【運動会当日】
・運動会当日は、学級ごとに健康観察（8：10～8：20）を行い、観察簿を養護教諭の机上に置く。
・児童は水筒を持参し、演技の合間に水分を補給する。なお、競技中の水分補給は禁止とする。水筒の中身は、水・お茶・スポーツドリンクのいずれかに限り、炭酸飲料水や清涼飲料水は入れてこないように指導する。
・トイレは、校庭トイレ・1階トイレを使用する。
・熱中症予防として、児童応援席に休憩テントを2張り用意する。テントには、給水用のジャグ、簡易救急セットを用意し、児童担当の教諭と救護係の児童が待機する。
　※養護教諭は、保健室に待機
・速やかに保健室にけが人等を運べるように、保健室前には保護者のテントなどが置かれないよう事前に周知する。
・けが人や熱中症、その他の症状が見られた場合は、速やかに養護教諭・校長に連絡をする。

＜ポイント①＞
提案文書には、『安全面の配慮事項』の項目を設ける。

＜ポイント②＞
けがや熱中症などが出た場合の対応と、連絡経路について明確に文書に示す。管理職が知らなかったということがないようにする。

【熱中症予防の参考HP・資料】
HP：文部科学省「熱中症事故等の防止について（依頼）」
「体育活動における熱中症予防調査研究報告書」（独立行政法人日本スポーツ振興センター）
「熱中症を予防しよう―知って防ごう熱中症―」（独立行政法人日本スポーツ振興センター）

2 予想外のお客の挨拶の断り方

あくまでも上品に……そして、相手も納得の落とし所を

　体育祭・運動会は地域住民の方が大勢集まる、地域最大の行事と言っても過言ではないでしょう。ならば、何かをPRしたい人や演説好きの名士にとっては、恰好の舞台です。しかし、体育祭・運動会は、そんな場ではありません。お断りしなければなりません。相手のプライドを傷つけたり、今後の協力関係にヒビが入らないように注意しながら。

〈断るコツ〉
①事前にプログラムを送っておく。
②相手の要望をていねいに聞く。
③プログラムなどの資料をもとに、主催者の長から、「ご挨拶をしていただくのが難しいこと」を説明する。
④「来賓紹介での一言」ならばお受けできることを、主催者の長から伝える。
⑤「来賓紹介」で一言いただき、お礼を言う。

---

①事前にプログラムを送っておく。

　まずは、事前にプログラムを送っておく。そうすれば、時間が大変限られていることを予め理解していただくことができ、「挨拶をさせてほしい」と言ってくるのを未然に防止する効果がある。

平成27年度　　　地区体育祭　　プログラム

集　合	8:00	開　会　式	8:30			
入場行進	8:20	① 開式のことば		② 国旗掲揚		
		③ 優勝杯・優勝盾返還		④ 分館長挨拶		
		⑤ 校長挨拶		⑥ 児童代表宣誓		
		⑦ 運営上の注意		⑧ 閉式のことば		

番号	種目	題　　名	出場者	開始時刻	指揮者	出場人員	備考
1	体　操	一斉体操(ラジオ体操)	全　員	8:45		220	
2	競　技	よーい・ドン	幼稚園	8:55		58	
3	競　走	色別対抗リレー（下学年・上学年）	小学校	9:05		164	
4	遊　戯 親子遊戯	いたずラッコ　みいつけた！	幼稚園	9:30		116	
5	ダンス	ジャンプ！！！	3・4年	9:45		50	

②相手の要望をていねいに聞く。

　それでも、言ってくる人はいる。「自分の言うことは通る」と思っているのだ。何とも傲慢だが、そういう人もいる。そういう人は、地域の名士の場合が多いので、いきなり断るのではなく、ていねいにお聞きする。そして、「主催者の長（公民館長や校長等）と相談して参ります。」と伝える。

③プログラムなどの資料をもとに、主催者の長から、「ご挨拶をしていただくのが難しい」ことを説明する。

　お断りするにあたっては、その理由がはっきりと分かる資料がある方がよい。その資料とは、プログラムや司会進行表である。資料を見せながら、「時間が限られていること」「挨拶は最小限であること」などを説明することで、ある程度納得していただける。その役目は、公民館長や校長など、主催者の長からに限る。教頭や体育主任では、「何を偉そうに」などと思われる可能性がある。あくまでも、トップから説明すべきである。

④「来賓紹介での一言」ならばお受けできることを、主催者の長から伝える。

　それで引き下がってくれればいいが、そううまくはいかない場合もある。「状況は分かったが、挨拶の時間は短くするから。」というようなケースである。それでも断ると、今後に影響する場合がある。地域の名士や有力者だった場合、今後学校に協力してもらえなくなったら大変である。それは避けなければならない。

　丸々要求をのむわけではないが、完全に断るわけではない。つまり、落とし所を見つけるのである。落とし所は、「壇上でのご挨拶は時間の都合上難しいのですが、来賓のご紹介で一言頂くことは可能です。」である。一言ではすまないかもしれないが、壇上での挨拶よりは、ずっと時間が短くてすむ。相手も納得してくれ、今後のことにも影響は及ぼさないと考えられる。

⑤「来賓紹介」で一言いただき、お礼を言う。

　最終的には、来賓紹介での一言で収めるのであるが、このときにも、相手の気持ちをくすぐる演出をしたい。名前を紹介するときに、「大変お忙しい中、体育祭（運動会）のために駆けつけてくださった、○○○○様です。」などと、盛大に紹介すると相手はいい気分になるであろう。

　無理を言ってきたのは相手ではあるが、終わったら、一言に対する感想やお礼をていねいに言う。そうすることで、相手は気持ちよくなり、「協力しよう」と思ってくれるはずである。

　どんな無理難題にも、あくまでも上品に対応することを忘れてはいけない。

3 保護者があれこれクレームを言ってきた
予防的対応・正しい情報と判断力

【保護者のクレーム対応のポイント】
①相手をひきつける　　　　②情報を正確に伝える
③理解を促す　　　　　　　④事情や気持ちを伝える
⑤今後のゆくえを明示する　⑥複数の説明方法を用いる

　以前、テレビで「保護者のクレームで運動会の競技が減っている」という特集が放映されたことがある。次のようなクレームであったという。
ア　「玉入れは小豆が目に入ると危ない。」
イ　「組体操で一番下はかわいそうだから。」
ウ　「借り物競走は人見知りで出来ない。」
エ　「徒競走は足が遅い子に配慮が足りない。」
　これを満足させるように答える必要がある。それなのに、学校は正対することを避け、その競技種目をなくしてしまう傾向がある。その結果、種目が減ってしまうというものだったらしい。
　私が、実際に見聞したクレームには、次のようなものがある。
オ　「先生に、うちの子が1位なのに2位にされた。」
カ　「大玉送りで、紅組がルールを破ったのに、勝ちとされていた。」
　上記ア〜エは、事前に保護者に十分に説明することでなくせるクレームである。それに対して、オとカは、とっさに対応しなければならないクレームである。
　これらの対応には、佐藤晴雄氏（日本大学文理学部教授）によれば、3つの段階がある。「予防的対応」「発生時対応」「事後対応」である。これを基に、対応策を述べる（佐藤氏が文科省での講演で述べている）。
①相手をひきつける—興味・関心、必要性、インパクト—
②情報を正確に伝える—誤解のないよう明確に。推測と事実を明確に分ける—
③理解を促す—相手の理解の枠組に迫る—
④事情や気持ちを伝える—事務的になりすぎないように—
⑤今後のゆくえを明示する—いつまでに、なにが、どうなるのかを示す—
⑥複数の説明方法を用いる—電話だけでなく、直接対話も。教員も複数で説明—

(1) 予防的対応

　予防的段階では、クレームを未然に防ぐことに主眼を置く。以下のようなポイントで対応することが大切である。種目に対するクレームは、大抵は説明不足なのである。
　まず、外から学校のしていることを見たら、どう見えるかを考える。これは、行っていることを客観視することである。これが、問題の発生を防ぐ。
　例えば、前掲のクレームの予防のため趣旨説明をして理解を求めておくとよい。その場合、興味・関心を引き起こすために、「学年だより」や口頭で、その必要性を伝

える。その種目の見どころを示してインパクトを与える。
　前掲の例では、「エ　徒競走は足が遅い子に配慮が足りない。」というクレームは的外れではない。タイム順にレースを組み、同じ走力の子同士で競走させる趣旨説明をする。ただし、これでも「いつもうちの子は１等が取れない。」というクレームもありうる。各学年で「身長順」と「タイム順」を交互にする方法を採る方法もある。これを、保護者にあらかじめ知らせておくとよい。そうすると、このようなクレームが出なくなる。何よりも保護者の理解の枠組みに迫ることが重要なのである。

（２）発生時対応

　突然のクレームは、対応が難しい。それは、学校は、大人相手に慣れていないことやミスを認めたがらない傾向があるからと言われる。まとも過ぎて、謝り下手なのである。発生時対応が必要なのは、次のようなクレームの例である。
オ　「先生に、うちの子が１位なのに２位にされた。」
カ　「大玉送りで、紅組がルールを破ったのに、勝ちとされていた。」
　これは、適切な初期対応が勝負である。保護者の意図のくみ取りが必要である。そして、落としどころ（問題解決の決着点・妥協点）を瞬時に把握する能力が必要である。
　このクレームをする保護者の意識には「子どもが一生懸命やっているのに、先生がいい加減にするな。」という抗議がある。
　明らかなミスの場合には、ミスを認める必要がある。これは、大相撲の審判長と同じで運動会委員長（体育主任）が、すぐに対応することが大切である。アナウンスして、説明して勝敗を覆すこともありうる。
　ただ、徒競走（短距離走）だと、やり直しがきかない。その場合、「２人とも１等」という解決策もありうるのである。
　とにかく、とっさにクレームを言いに来た保護者が納得する決着点の引き出しを多く持っている必要がある。ただし、これは、なかなか高度の能力である。どうしても対応できなかった場合には、事後対応をしっかりとしておく。

（３）事後対応

　これは「アフターケア」である。ここまできちんとしている学校は、稀である。保護者からのアンケートを公開し、回答する。応じられなかったクレームには、「問題の記録」をして「今後の工夫点」を示す。そのことで、「新たな問題の防止」を期す。
　運動が得意な子、協力することが上手な子、身体表現が巧みな子、一生懸命応援している子という運動会の趣旨に合うさまざまなタイプの子を高く評価することが最も肝要である。
　以上３段階で、最善の策は「予防的対応」である。ここに主力を注ぐべきである。

あとがき

　運動会の練習時間が減り、今までのような練習時間を確保することができなくなってきた。練習時間がかかり過ぎるので、運動会を中止にするという学校まで出てきている。
　また、組体操の練習ではけがが多くなり、全国的に問題になっている。中には、組体操をなくするという学校も出ている。
　運動会の華、組体操が禁止になった地域がある。大きな事故につながっているためである。これは、基礎基本をしっかりと指導しないで、見栄えを重視する傾向があるためである。
　子ども相互の信頼がなければ、崩れる危険性はある。指導者は技の指導だけでなく、子どもの信頼関係までも配慮しているか、問題である。
　危険だと中止にすれば安心であるという発想で、いいのであろうか。しかし、小学生にタワーまでやる必要はないのではないかと考える。学校や体育教師の見栄意識をチェックし、安全な組み体操にしてほしい。
　そのような問題を解決するために、本書では練習時間が少なくてもできる運動会種目や運営の方法、安全に短期間でできる指導について、紹介している。
　運動会ではどんな種目がよいのであろうか。人気のある種目の条件は次の通りである。
　1　方法がシンプルで分かりやすい。
　2　準備物が少なく、すぐにできる。
　3　場づくりが簡単ですぐ実施できる。
　4　子どもの動きが活動的で勝敗がすぐ分かる。
　特に方法がシンプルで準備物が少ないことが大事である。楽しくできても、ルールが複雑であったり、準備物が多かったりすると短期間での練習では無理である。
　本書では、運動会企画について経験がない方でも、すぐに企画できる構成になっている。練習時間が少なくても、安全に実施できるように工夫してある。
　準備物は新たに製作したり購入したりしないで、身近にある器具・用具でできるように工夫してある。ルール、場づくりはカタログ風に写真、イラスト等で視覚化して示してある。初めて運動会の種目を企画する方でも簡単にできるように示してある。
　本書には以下の種目が紹介されている。
　1　子ども・保護者が熱狂するレシピ　　2　逆転現象のあるレシピ
　3　準備のいらない簡単レシピ　　　　　4　笑顔がいっぱい特別支援レシピ
　5　記憶に残る集団レシピ　　　　　　　6　思い出に残る親子競技レシピ
　7　ここだけしかない、珍しい競技レシピ　8　地域に根差した表現レシピ

あとがき

　9　安全に、短期間にできる組体操レシピ

　また、運動会を盛り上げる環境準備、全ての子どもが参加できるユニバーサル環境づくり、スムーズな運営・マネージメントなども具体的に示されている。

　本書があれば、運動会の運営、種目選定、係活動などの全てができるようになっている。

　本書を活用して、短期間で盛り上がりのある楽しい運動会にして欲しい。

　本書をまとめるに当たり、学芸みらい社の樋口雅子氏には、企画、構成、内容と多大のご指導をいただきました。深く、感謝申し上げます。

2016年2月15日
根本正雄

◎執筆者一覧

渡辺喜男	神奈川県横浜市立南神大寺小学校	柏倉崇志	北海道名寄市立風連中央小学校
太田健二	宮城県仙台市立沖野東小学校	大邉祐介	石川県野々市市立富陽小学校
表　克昌	富山県氷見市立宮田小学校	中宿清美	岐阜県多治見市立養正小学校
辻岡義介	福井県鯖江市立進徳小学校	稲嶺　保	沖縄県中頭郡嘉手納町立嘉手納小学校
前島康志	静岡県掛川市立西郷小学校	上川　晃	三重県伊勢市立浜郷小学校
大中州明	奈良県香芝市立旭ケ丘小学校	東郷　晃	滋賀県大津市立堅田小学校
花木睦朗	石川県金沢市立千坂小学校	小田原誠一	福岡県北九州市立若松中央小学校
佐藤貴子	愛知県愛西市立西川端小学校	伊藤篤志	愛媛県今治市立宮窪小学校
三好保雄	山口県宇部市立藤山小学校	川口達史	富山県射水市立小杉小学校
吉本研二	大分県国東市立安岐中央小学校	甲地潮吏	青森県上北郡野辺地町立野辺地小学校
本宮淳平	千葉県鎌ケ谷市立中部小学校	島田　猛	福岡県遠賀郡遠賀町立広渡小学校
小峰　学	埼玉県川越市立高階小学校	岩田史朗	石川県金沢市立西南部小学校
小林　宏	群馬県太田市立綿打小学校	根木恭子	京都府京都市立美豆小学校
寺田真紀子	大阪府和泉市立国府小学校	岡本　純	公立小学校
小路健太郎	千葉県袖ケ浦市立蔵波小学校	飯塚　昭	公立小学校
佐藤泰之	東京都目黒区立中根小学校	上木信弘	福井県越前市立国高小学校
大谷智士	和歌山県橋本市立城山小学校	迫田一弘	広島県福山市立駅家西小学校
原田朋哉	大阪府池田市立秦野小学校	団野晶夫	島根県松江市立古志原小学校
福井　慎	三重県度会郡玉城町立田丸小学校	藤崎富実子	高知県香美市立山田小学校
角家　元	北海道旭川市立忠和小学校	東條正興	千葉県柏市立田中北小学校
本吉伸行	大阪府摂津市立三宅柳田小学校	松尾智子	鳥取県公立小学校
伊藤翔太	宮城県仙台市立鶴谷東小学校	廣川　徹	北海道歌志内市立歌志内小学校
大貝浩蔵	山口県下関市立一の宮小学校	工藤俊輔	埼玉県志木市立志木小学校
加藤三紘	山梨大学教育人間科学部附属小学校	高橋久樹	三重県伊勢市立早修小学校
中澤　靖	東京都公立小学校	浦木秀徳	鳥取県境港市立外江小学校
細田公康	埼玉県所沢市立椿峰小学校	片倉信義	宮城県大崎市立東大崎小学校
村上　弥	秋田県秋田市立泉小学校	有村紅穂子	鹿児島県公立小学校
石川圭史	島根県立江津清和養護学校	平山勇輔	栃木県塩谷郡高根沢町立西小学校
中嶋剛彦	島根県雲南市立三刀屋小学校	齋藤徳三	香川県三豊市立比地小学校
二瓶温子	宮城県仙台市立富沢小学校	駒井隆治	元東京都公立小学校校長
村田正樹	福井県南条郡南越前町立河野小学校		
湯泉恵美子	山梨県南アルプス市立大明小学校		
笹原大輔	山形県尾花沢市立尾花沢小学校		
瀧日幸雄	岐阜県郡上市立大和西小学校		
井上　武	愛媛県南宇和郡愛南町立久良小学校		
内海里美	神奈川県藤沢市立本町小学校		
川端弘子	兵庫県伊丹市立天神川小学校		
大塚諒太郎	東京都世田谷区立城山小学校		
根津盛吾	山梨県中巨摩郡昭和町立常永小学校		

編者紹介

根本正雄（ねもと　まさお）

1949年茨城県生まれ。元・千葉市立高浜第一小学校校長。TOSS体育授業研究会代表。
誰でもできる楽しい体育の指導法を開発し、全国各地の体育研究会、セミナーに参加し普及にあたる。

〈著書〉
『さか上がりは誰でもできる』（明治図書）
『楽しい学習活動のさせ方』（明治図書）
『一流スポーツ選手が残した名言・名句61』（明治図書）
『習熟過程を生かした体育指導の改革』（明治図書）
『世界に通用する伝統文化 体育指導技術』（学芸みらい社）
『全員達成！魔法の立ち幅跳び』（学芸みらい社）
その他多数。

運動会企画
―アクティブ・ラーニング発想を入れた面白カタログ事典

2016年5月10日　初版発行

編著者　根本正雄
発行者　青木誠一郎

発行所　株式会社 学芸みらい社
〒162-0833 東京都新宿区箪笥町31 箪笥町SKビル
電話番号 03-5227-1266
http://www.gakugeimirai.jp/
E-mail：info@gakugeimirai.jp
印刷所・製本所　藤原印刷株式会社
ブックデザイン　荒木香樹

落丁・乱丁本は弊社宛お送りください。送料弊社負担でお取り替えいたします。

©Masao Nemoto 2016　Printed in Japan
ISBN978-4-908637-14-8 C3037

学芸みらい社　既刊のご案内

教科・学校・学級シリーズ

分類	書名	著者名・監修	本体価格
学校・学級経営	中学の学級開き　黄金のスタートを切る3日間の準備ネタ	長谷川博之（編・著）	2,000円
	"黄金の1週間"でつくる　学級システム化小辞典	甲本卓司（編・著）	2,000円
	小学校発ふるさと再生プロジェクト　子ども観光大使の育て方	松崎力（著）	1,800円
	トラブルをドラマに変えてゆく教師の仕事術　発達障がいの子がいるから素晴らしいクラスができる！	小野隆行（著）	2,000円
	ドクターと教室をつなぐ医教連携の効果　第2巻　医師と教師が発達障害の子どもたちを変化させた	宮尾益知（監修）　向山洋一（企画）　谷和樹（編集）	2,000円
	ドクターと教室をつなぐ医教連携の効果　第一巻　医師と教師が発達障害の子どもたちを変化させた	宮尾益知（監修）　向山洋一（企画）　谷和樹（編集）	2,000円
	生徒に『私はできる！』と思わせる超・積極的指導法	長谷川博之（著）	2,000円
	中学校を「荒れ」から立て直す！	長谷川博之（著）	2,000円
教師修行	教員採用試験パーフェクトガイド　「合格への道」	岸上隆文・三浦一心（監修）	1,800円
	めっちゃ楽しい校内研修　一模擬授業で手に入る"黄金の指導力"	谷和樹・岩切洋一・やばた教育研究会（著）	2,000円
	フレッシュ先生のための　「はじめて事典」	向山洋一（監修）　木村重夫（編集）	2,000円
	みるみる子どもが変化する　『プロ教師が使いこなす指導技術』	谷和樹（著）	2,000円
道徳	「偉人を育てた親子の絆」に学ぶ道徳授業〈読み物・授業展開案付き〉	松藤司＆チーム松藤（編・著）	2,000円
	子どもの心をわしづかみにする　「教科としての道徳授業」の創り方	向山洋一（監修）　河田孝文（著）	2,000円
	あなたが道徳授業を変える	櫻井宏尚（著）　服部敬一（著）　心の教育研究会（監修）	1,500円
国語	先生も生徒も驚く日本の「伝統・文化」再発見2　～行事と祭りに託した日本人の願い～	松藤司（著）	2,000円
	先生も生徒も驚く日本の「伝統・文化」再発見【全国学校図書館協議会選定図書】	松藤司（著）	2,000円
	国語有名物語教材の教材研究と研究授業の組み立て方【低・中学年/詩文編】	向山洋一（監修）　平松孝治郎（著）	2,000円
	国語有名物語教材の教材研究と研究授業の組み立て方	向山洋一（監修）　平松孝治郎（著）	2,000円
	先生と子どもたちの学校俳句歳時記【全国学校図書館協議会選定図書】	星野高士・仁平勝・石田郷子（監修）	2,500円
社会	アクティブ・ラーニングでつくる新しい社会科授業　ニュー学習脳・全単元一覧	北俊夫・向山行雄（著）	2,000円
	教師と生徒でつくるアクティブ学習技術　「TOSSメモ」の活用で社会科授業が変わる！	向山洋一・谷和（企画・監修）　赤阪勝（著）	1,800円
	子どもを社会科好きにする授業【全国学校図書館協議会選定図書】	著者：赤阪勝	2,000円
理科	子どもが理科に夢中になる授業	小森栄治（著）	2,000円
英語	教室に魔法をかける！　英語ディベートの指導法　―英語アクティブラーニング	加藤心（著）	2,000円
音楽	子どもノリノリ歌唱授業　音楽+身体表現で"歌遊び"68選	飯田清美	2,200円
図画・美術	ドーンと入賞！"物語文の感想画"描き方指導の裏ワザ20	河田孝文（編・著）	2,200円
	絵画指導は酒井式パーフェクトガイド　丸わかりDVD付！酒井式描画指導の全手順・全スキル	酒井臣吾・根本正雄（著）	2,900円
	絵画指導は酒井式で！　パーフェクトガイド　酒井式描画指導法・新シナリオ、新技術、新指導法	酒井臣吾（著）	3,400円
体育	子供の命を守る泳力を保証する　先生と親の万能型水泳指導プログラム	鈴木智光（著）	2,000円
	全員達成！魔法の立ち幅跳び　「探偵！ナイトスクープ」のドラマ再現	根本正雄（著）	2,000円
	世界に通用する伝統文化　体育指導技術【全国学校図書館協議会選定図書】	根本正雄（著）	1,900円
算数・数学	数学で社会／自然と遊ぶ本	日本数学検定協会　中村力（著）	1,500円
	早期教育・特別支援教育　本能式計算法	大江浩光（著）　押谷由夫（解説）	2,000円

2016年3月

学芸みらい社